新・観光学入門

中村忠司／王　静【編著】
稲本恵子・渡部美智子・山口隆子
白神昌也・中村真典・橘　弘文

晃洋書房

プロローグ
──学習を始めるにあたって──

　21 世紀が「観光の時代」と言われてすでに久しい．国連世界観光機関
（World Tourism Organization：UNWTO）によると世界全体の国際観光客到着数は
2018 年に 14 億人を超え，2030 年には 18 億人に達すると予測されている．今
後もさらなる成長が見込まれている．中でもアジアの成長率は高く，世界全体
を牽引している．日本においても 2019 年には訪日外国人旅行者数が 3188 万人
となった．一方で今世紀初頭にはアメリカ同時多発テロや新型肺炎 SARS の
流行，リーマンショック，さらには新型コロナウイルス感染症の世界的な拡大
があり，日本人の海外出国数は大きく落ち込んだ．観光は戦争や災害・厄災に
極めて脆弱であり，平和や安心・安全の上に成り立っていることがわかる．

　観光産業を経済的な側面で見ると，間接的な経済波及効果が高い産業である
ことがわかる．例えば旅行でホテルに宿泊すると宿泊料やレストランでの食事
代だけでなく，シーツなどのリネンサプライや食器の購入など幅広い産業に影
響を与える．また，雇用という観点から考えると世界では 10 人に 1 人が観光
に関係する雇用（WTTC 世界旅行ツーリズム協議会「世界における経済的影響と課題
2018」より）となっている．特に先進的な産業が少ない国・地域では観光によ
る雇用はとても重要となる．日本でも有名な観光地の多い地域では観光産業へ
の就職人気は高い．

　皆さんがこれから学ぶ観光学は学際的な学問とも言われ，社会学や経済学な
ど他の学問領域と組み合わさって観光社会学や観光経済学という新しい学問分
野を創り出している．「観光」を研究手段の 1 つとして様々な学問で取り入れ
る動きもある．また，産業においても観光は幅広く関わることから，現在では
従来の観光関連の企業だけでなく，今まで観光にあまり関心のなかった産業が
観光業に進出している．地域においても人口減少を観光を核にした交流人口の

増加でカバーしようという動きが見られ，まさに国・地域を挙げて観光の発展に取り組んでいる．

　本書の構成は，大きく「観光の基礎」，「観光と経営」，「観光と社会」の3部にわかれている．第Ⅰ部の「観光の基礎」では，観光の意義と定義，観光を構成する要素，観光学とは何かを概観する．また観光の歴史や観光がホスピタリティ産業と言われる意味を学ぶ．第Ⅱ部の「観光と経営」では，旅行，宿泊，交通，観光施設など幅広い観光産業について解説する．各産業の関連性についても考えてみてほしい．第Ⅲ部の「観光と社会」では，観光と社会や文化，観光と民間信仰の関係，地域との係わりの深いニューツーリズム，観光政策について触れている．本書は，観光学に初めて接する学生や社会人を対象に書かれている．特に日本に来て観光を学ぶ留学生にも分かりやすいよう，なるべく平易な言葉で日本の観光の全体像がつかめるようにしている．日本で学んだことをそれぞれの国・地域に持ち帰り，社会のために役立ててほしい．観光を学ぶことは，他の国・地域を理解することでもあり，今日の世界においてとても大切なことだ．

　学習するにあたって大切なことがある．それはただ漠然と読むだけではなく，一歩進んだ視点を持つということだ．自分たちの国や地域でこの場で学んだことをどう活用できるか，就職した観光産業・団体でどう活かすことができるか，自分が旅行した先で何を見るべきかという視点を持って学んで欲しい．そうすれば，皆さんにとって「新しい観光」が見えてくるだろう．そのために各章の最後に「考えてみよう」という項目を置いた．いずれにしても観光は楽しい．率先して旅行に出かけ，まず楽しもうという気持ちを持って積極的に取り組んでもらいたい．

　2021年1月

中 村 忠 司

iii

目　次

プロローグ
──学習を始めるにあたって──

I　観光の基礎

第1章　観光とは何か ………………………………………… *3*

はじめに　*(3)*

1．観光の意義と定義　*(4)*

2．観光を構成する要素　*(9)*

3．観　光　学　*(12)*

おわりに　*(14)*

第2章　観光の歴史 ……………………………………………… *16*

はじめに　*(16)*

1．日本の観光の歴史　*(17)*

2．世界の観光の歴史　*(24)*

おわりに　*(26)*

第3章　観光とサービス ………………………………………… *28*

はじめに　*(28)*

1．サービスとは　*(28)*

2．観光におけるサービス　*(33)*

3．CS（顧客満足）　*(37)*

おわりに　*(38)*

Ⅱ　観光と経営

第4章　旅行事業 ……………………………………… *43*

はじめに　*(43)*

1．旅行業とは　*(43)*

2．旅行業の登録　*(44)*

3．旅行業務とは　*(46)*

4．旅行業の仕事内容　*(48)*

5．旅行会社の存在意義と課題　*(50)*

おわりに　*(51)*

第5章　宿泊事業 ……………………………………… *53*

はじめに　*(53)*

1．宿泊事業の分類　*(53)*

2．ホ　テ　ル　*(55)*

3．旅　　館　*(59)*

4．様々な宿泊施設　*(61)*

おわりに　*(63)*

第6章　観光交通事業 ………………………………… *65*

はじめに　*(65)*

1．観光交通サービスとその分類　*(66)*

2．観光交通事業　*(67)*

3．観光交通事業者としての施策例　*(70)*

おわりに　*(74)*

目　次　v

第7章　航 空 事 業 ·· 76

はじめに　(76)

1．航空の歴史　(76)

2．エアライン・ビジネス　(81)

3．現代の航空業界　(82)

おわりに　(87)

第8章　観光施設事業 ·· 88

はじめに　(88)

1．観光施設とは　(88)

2．様々な観光施設　(90)

3．観光対象の多様化　(96)

おわりに　(97)

Ⅲ　観光と社会

第9章　観光と文化 ··· 103

はじめに　(103)

1．観光と文化　(104)

2．文化を観光する　(107)

3．観光文化への視点　(110)

おわりに　(113)

第10章　観光と民間信仰 ………………………………………… 115

はじめに　（115）

　1．熊野参詣　（116）

　2．お伊勢参り　（119）

　3．民間信仰の研究と観光　（122）

おわりに　（123）

第11章　ニューツーリズム ……………………………………… 127

はじめに　（127）

　1．ニューツーリズム誕生の経緯　（128）

　2．様々なニューツーリズム　（130）

おわりに　（138）

第12章　観光と政策 ……………………………………………… 140

はじめに　（140）

　1．観光政策の基本的な理解　（141）

　2．世界における観光政策の展開　（143）

　3．日本における観光政策の展開　（146）

　4．観光振興と地方創生　（148）

おわりに　（151）

資　　料　（153）

　1．観光の歴史年表

　2．日本人出国者数と訪日外国人旅行者数の推移

索　　引　（159）

Ⅰ 観光の基礎

第1章 観光とは何か

はじめに

　この章では，観光の意義と定義，観光を構成する要素，観光学とはいかなる学問かについて学ぶ．まず人や社会にとって「観光」はどのような意義や役割があるのかについて明らかにし，学問としての必要性を確認する．観光には様々な効果がある．まず観光をする人への効果，そして観光関連の産業への効果，さらに国や地域にもたらす効果である．ただ，観光がもたらす負の側面も忘れてはならない．また観光，旅行，レジャー，レクリエーションなど普段私たちはあまり意識せずに観光関連の用語を使っている．しかしながら研究者同士が議論を交わしながら学問を進めていく中で，あやふやな定義を元にしているといつまでも意見が噛み合わないことがある．学問で最初に行う大事なことは言葉の定義を押さえることである．観光に関連する用語のそれぞれの違いを確認する．

　次に，観光を構成する要素として観光者，観光対象，観光媒体の3つの関係を理解する．位置関係で言うと発地側，着地側，それらを結ぶモノやコトになる．生活者は観光動機を持つことで観光者になる．観光対象には観光資源（自然系・人文系・複合資源）と観光施設がある．観光媒体には観光客を運ぶ交通や観光情報を提供するメディア，円滑な手配を行う旅行会社などが存在する．これら3つの関係を解説する．

　最後に，様々な観光現象について研究する観光学とはどのような学問かについて解説する．観光学は他の学問との関与が幅広く，学際的な研究が不可欠となる．ここでは観光研究の歴史を概観し，既存の研究領域と観光がどのように

組み合わさって研究されているかを学ぶ．

1．観光の意義と定義

(1) 観光の意義

　人が生きていくうえで必要なものは何であろうか．「衣・食・住」という言葉がある．ケガから身を守る衣服，日々の活動の源泉となる食事，暑さ寒さを防ぎ家族と過ごせる住居．これらは絶対に必要なものである．衣食足りて礼節を知るという言葉もある．「旅」はどうであろうか．マズローの「五段階欲求階層説」(図1-1)に照らし合わせてみると，まず人間の基礎的な欲求には，飢えや渇き，排せつ，睡眠などの生理的欲求がある．それが満たされると危険や恐怖からの回避という安全欲求を求める．さらにそれが満たされると所属・親和などの愛情欲求，承認・名誉などの尊敬欲求というように欲求は下位から上位になり，最後に自己達成・生きがいなどの自己実現欲求となる．観光欲求はまさに"生きがい"といった自己実現欲求に属する．観光の効果を人，産業，国・地域に対するものとしてまず考えてみよう．

a．人への効果

　人に対しての効果としては，第1にリフレッシュ効果がある．観光は日常生

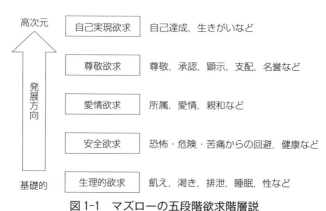

図1-1　マズローの五段階欲求階層説
（出所）A. H. マズロー「Maslow's hierarchy of needs」を元に筆者作成．

活を離れて行う活動である．日々繰り返す仕事や家庭生活を続けていると気分
転換を図りたいという変化欲求が現れる．観光にはため込んだストレスを発散
し，回復させる効果がある．雄大な自然資源を見て感動したり，スキーやマリ
ンスポーツといったリクリエーション活動をすることで精神的にも肉体的にも
良い効果が現れる．職場旅行も元々は労働者の労働力の回復を狙ったものであ
った．

　第2に好奇心を刺激する学習効果がある．人には楽しみだけでなく，自己達
成や自己拡大の動機がある．特に歴史的な名所・旧跡，美術館などの人文資源
は中高生時代に社会や美術の授業で習ったものを実際に目にすることができる．
事前に学習したものに改めて出合うことで，初めて接する以上に印象に残る．
学校の教育旅行にはそのような狙いもある．また，作家や画家は創作のために
旅に出かけることもある．

　第3として，家族や友人，職場の同僚たちと親睦を深める効果がある．旅行
中に一緒に食事をし，同じ部屋で寝泊まりし，語らうことで普段とは違うメン
バーの顔を知ることができる．企業では職場のチームビルディングを目的に，
旅行を手段として活用することもある．

b．産業への効果

　産業に対しての効果としては，第1に幅広い経済効果が挙げられる．観光は
21世紀最大の産業と言われているが，その特徴は生産波及効果の大きさにあ
る．旅行業や交通業，宿泊業など旅行消費が直接関係する産業だけでなく，一
次産業の農林水産業や旅行に持っていくモバイル機器の需要にも影響を与える．

　第2に雇用促進効果がある．特に観光は世界の貧困の削減に寄与することが
期待されている．アフリカなど大自然を中心にした観光エリアは，大きな産業
が少ないことが多く，観光が人々の雇用を支えている．日本でも有名な観光資
源のある地方においては観光が主産業である場合も多い．

c．国・地域への効果

　国・地域に対する効果としては，第1に地域活性効果が挙げられる．地方で
は人口減少と共に，経済活動の停滞が起こっている．定住人口の消費額減少分
を観光客の旅行消費増加分でカバーしようという考え方である．旅行による消

費は大きく，訪日外国人の来訪や国内宿泊観光客の増加は，その地域に大きな経済効果をもたらす．

　第2に住民の誇りの醸成が挙げられる．観光客が多く訪れるということは第三者の客観的な視点でその地域に魅力があるということの証明にもなる．特に担い手不足が懸念される地域の祭りや工芸品づくりといった伝統文化は，見て体験した外部の人が継承者となるケースもある．

　第3として，平和への寄与の効果である．"観光は平和へのパスポート(Tourism; Passport to Peace)"という言葉は，国際連合が1967年に教育，文化，経済，社会分野での有用性を視野に入れた観光振興に関する国際協力の必要性を訴えた国際観光年のスローガンである．異文化や異なる文明への共感，評価が民族間の理解を促進し，世界平和の伸張に寄与するとしている．皆さんにも是非，他の国・地域の人を積極的に理解しようという気持ちで海外を訪れ，交流して欲しい．

d．観光の負の側面

　観光は様々な効果がある反面，地域社会に負の効果をもたらすことがある．特に多数の観光客が訪れるマスツーリズムにおいては，自然に負荷がかかり環境破壊を招いたり，歴史・文化遺産が傷つけられるといった現象が起こっている．また，多数のマイカー観光は交通渋滞を引き起こし，観光地の住民の生活に支障を与えている．特に大型バスツアーなどの団体旅行は，お弁当やお茶を持ち込めば地域経済に何のプラス効果も与えず，ゴミだけを増やしていくと批判されることもある．

　また有名な観光資源のある地域社会においても，観光で恩恵を受ける人は土産物店や宿泊施設などの観光関係者だけで，一般住民は地域外からの人が多く流入することで生活環境が乱されると観光に反対するということも起こっている．観光の良い面ばかりでなく，マイナスの面を考慮し，観光関係者は事業を計画する必要がある．

⑵　観光の定義

　日本語の「観光」と「旅行」，英語の「ツーリズム」や「レクリエーション」

はどのように違うのだろうか．ここでは観光に関連する用語を整理し，それぞれの相違点を確認する．

a.「観光」の語源

観光の語源は，中国の『易経』という書物に書かれた「観国之光　利用賓于王」に由来すると言われている．"国の光を観る"とは，政治・文化・風俗などがよく治まっているところを他の国や地域から来訪した人に観てもらうことを指す．"もって王に賓たるによろし"は，それによって王の人徳を示し，その国がよく治まっていることが観られたならば，王の賓客として迎えられ，仕えるのが相応しいと解釈される．

日本において，「観光」の言葉が使われ出したのは江戸時代末期からである．1855年にオランダ国王から徳川幕府に贈られた日本初の海軍練習船は「観光丸」と命名された．その後，明治に入り英語の"Tourism"の訳語となった．国の行政機関として使われたのは1930年に鉄道省の外局として「国際観光局」が設置されたのが始まりである．

b.「観光」の定義

第一次世界大戦後，旅行が活発に行われるようになったヨーロッパにおいて観光学研究が始まり，「観光」の定義も議論された．日本においても1930年代以降マリオッティやボールマン，グリュックスマンらの書物が翻訳され研究された．しかしながら，観光の定義が公になされたのは観光政策審議会の答申からで，1970年に「観光とは，自己の自由時間の中で，鑑賞，知識，体験，活動，休養，参加，精神の鼓舞等，生活の変化を求める人間の基本的欲求を充足せんとする行為（＝レクリエーション）のうちで，日常生活圏を離れて異なった自然，文化等の環境のもとで行おうとする一連の行動をいう」としている．

その後，1995年の審議会では「余暇時間の中で，日常生活圏を離れて行う様々な活動であって，触れ合い，学び，遊ぶということを目的とするもの」と定義されている．日常圏を離れてというところは変わらないが，観る観光から様々なコトをする観光に重点が置かれている．また，国連世界観光機関（UNWTO）ではツーリズムを「旅行をして，定住場所以外を訪れるもの，ただし滞在が1年以内のもので，しかも滞在先で報酬を得ることのないようなレジ

ャー目的, ビジネス目的, 他の目的をもってなされるもの」と定義している.

c. 観光に関連する言葉の整理

「観光」と似た言葉に「旅行」がある. この違いも様々な議論がなされてきたが,「観光者」と「旅行者」という点で比較すると分かりやすい. 移動を伴う点は共通しているが, 旅行者はその行動目的において, ビジネス・友人知人訪問・レクリエーション・観光を含む. 観光は旅行の一部である. 英語に置き換える場合に観光をツーリズム, 旅行をトラベルと訳すことが多いが, 前出のUNWTO の定義を見ても目的が拡大されていて "観光＝ツーリズム" とは言えなくなっている.

次に「余暇（レジャー）」について考えてみよう.「余った暇」というニュアンスからは積極的な行動はうかがえないが, 1 日の生活時間から睡眠や食事などの生活必要時間, 仕事や学業などの社会生活時間を差し引いた残りの自由な時間が余暇時間となる. 移動に関係なく, 家での読書や家族との外食, ウォーキングなどが含まれる. 観光は余暇活動の 1 つの形態である. まとまった余暇時間がないと観光には出かけられず, 余暇時間の獲得は労働時間をいかに短縮させるかの歴史でもあった. フランスの社会学者 J. ディマズディエ（1972）は,「余暇とは, 個人が職場や家庭, 社会から課せられた義務から解放されたときに, 休息のため, 気晴らしのため, あるいは利得とは無関係な知識や能力の養成, 自発的な社会参加, 自由な想像力の発揮のために, まったく随意に行う活動の総体である」と定義している. 2019 年の日本の余暇市場は『レジャー白書 2020』によると 72 兆 2940 億円と大きい.

「レクリエーション」は『観光・旅行用語辞典』（北川編 2008）によると「現代社会から精神的・肉体的に受けた疲労を回復し, 新しい活動を創造するための休養・娯楽, 気分転換を図る余暇活動をいう」としている. 1969 年の観光政策審議会の答申では, 観光はレクリエーションの一部と捉えられていたが, それぞれを広義に捉えるか狭義に捉えるかで解釈が変わってくる.

2．観光を構成する要素

(1) 観光を構成する様々な要素

　観光は，様々な要素が組み合わさって構成されるが，大きく分けると①観光をする観光者，②観光の対象となるモノやコトなどの観光対象，③両者を結ぶ移動手段や観光情報を提供する観光媒体で構成される．図1-2はこれらの関係をシンプルに表したものである．まず日常圏である発地側において生活者はメディアや旅行会社などから様々な刺激を受けて観光動機を持ち，観光者となる（図の左側）．そして観光者が求める観光対象のある非日常圏の観光目的地へ向かう（図の右側）．目的地のある着地側には観光資源以外に宿泊施設やレストランなどが存在する．両者の間には移動のための交通機関や観光情報を提供するメディアなどが介在する．また，それらをその時代の社会，経済，文化という広義の環境が取り巻いている．

　観光行動でいうと計画段階・移動段階・到着段階となり，計画段階は「旅マエ」，移動と到着段階は「旅ナカ」という．また旅行後を「旅アト」と呼ぶ．それぞれの段階でインターネットを活用した情報提供やプロモーションが行われている．旅行者自身のソーシャル・ネットワーク・サービス（SNS）を使っ

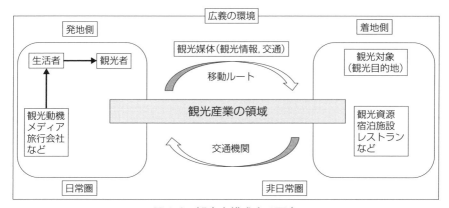

図1-2　観光を構成する要素

（出所）　筆者作成．

た発信が大きな影響力を持つのが現代の観光の特徴である．

(2) 観光者（発地側）

　生活者は様々な刺激を受け，観光欲求を持つ観光者になる．その過程に情報は重要な役割を果たす．人は全く知らない場所には観光に行かない．日常の中で接している観光情報の中で，ここに行きたいという観光動機が発生する．情報は新聞，雑誌，ラジオ，テレビといったマスコミ4媒体，観光ガイドブック，ポスターや看板があるが，近年ではインターネットが主な情報源となっている．観光関係の企業や団体だけでなく，旅行者自らがSNS等で発信する情報の影響力が高まっている．

　情報による刺激を受け旅行に行きたくなると，その旅行先を調べる．そして具体的に訪問したい観光対象を決める．さらに交通手段や宿泊施設を調べ，選択し，予約する．旅行会社は主に発地側で観光者と接する．観光者があまり知らない観光地に行く場合，旅行会社が作成するパンフレットはとても便利で，セットされたパッケージツアーは自分で手配するよりも安いことが多い．ただ，現在のように観光情報をインターネットで誰もが簡単に引き出せるようになると，旅行会社と旅行者との情報の非対称性は薄らいでいる．

(3) 観光対象（着地側）

　人が観光に出かける場合，何らかのモノを観たり何かコトをするために行くが，その対象を「観光対象」と呼ぶ．観光対象は観光目的地（デスティネーション）の着地側に主に存在し，「観光資源」と「観光施設」に分類される．

　観光資源とは本来は観光のために存在するわけではないが，その美しさや文化的重要性などによって観光対象となったもので「自然観光資源」と「人文観光資源」，「複合観光資源」に分類される．自然観光資源は，山岳・高原・原野・湿原・湖沼・峡谷・滝・河川・海岸・岬・島嶼・岩石洞窟・動植物・自然現象が挙げられる．人文観光資源は，史跡・社寺・城跡城郭・庭園公園・年中行事・碑像・建造物・動物園・植物園・水族館・博物館・美術館・資料館が挙げられる．社寺などの有形のものと祭りなどの無形のものがある．また，歴史

があり観光価値が一定であるものと，歴史が比較的短く観光価値が変動するものが存在する．複合観光資源は，自然と人文の複合的要素が組み合わさったもので都市や農山漁村，郷土，歴史の景観が挙げられる．

観光施設は宿泊施設・物販施設・飲食施設の他にテーマパークや遊園地などの娯楽施設，スキー・ゴルフ・マリンスポーツなどのスポーツ・レクリエーション施設がある．

(4) 観光媒体（交通と情報）

観光者と観光対象を結ぶものとして様々な交通産業や情報産業が位置付けられている．移動のための運送ルートや観光情報の提供などである．日常圏から非日常圏の観光地へと再び戻ってくることを前提に移動する観光では，交通手段が不可欠となる．居住地から観光地や観光地から別の観光地への移動は鉄道や航空機，船，自動車が利用される．観光地のエリア内を巡る交通は，バスやタクシーなどがあり二次交通と呼ばれる．交通手段の発達は旅行に大きな変革をもたらす．居住地から観光地までの所要時間が大幅に短縮され，乗客定員の増加により運賃が低下すると，観光者は限られた日程や旅行費用の中でより旅行範囲を拡大できる．地方にとっても新幹線の延伸や高速道路の整備によって大都市からのアクセスが向上すると，多くの観光客を誘致できるようになる．ただ現代の交通はただ早く安くだけが求められているのではなく，観光列車やクルーズのように移動する空間自体が旅行目的となるなど，多様な目的による選択が行われていることが特徴となっている．

情報は観光者と観光対象を結びつける観光媒体の重要な要素である．人は全く知らない場所に興味を持つことはなく，観光動機は何らかの情報によって観光のイメージができたときに起こる．なぜなら，観光はサービス商品の特徴である生産と消費が同時に行われる「同時性」と事前に商品を確かめることができない「無形性」を持つからである．観光者はガイドブックや旅行会社のパンフレット，テレビ番組や雑誌などから情報を得ているが，現代の特徴はインターネットが普及したことで観光者が積極的に情報を取得できる点にある．それによって観光者自身も発信者となり，他の観光者の観光行動に大きな影響を与

える．また Google（グーグル）に代表される検索機能によって，移動中や着地
側においても鮮度の高い情報をつねに得られることで旅行者の行動はより効率
化しているが，逆に知らない土地で何かが見つかるサプライズの楽しみを失っ
ているとも言える．

3．観　光　学

⑴　観光研究の歴史

　観光現象に関する研究は，19 世紀後半のヨーロッパから始まった．当時西
欧では 19 世紀前半にイギリス，フランス，ドイツで鉄道が開通し，1841 年に
は近代ツーリズムの祖と呼ばれるトーマス・クックが禁酒運動のメンバー 500
人を組織し，鉄道による最初の団体旅行を実施している．しかしながら観光研
究は，旅行が盛んだった国ではなく 1899 年イタリア政府統計局長の L. ボティ
オが「伊太利における外客移動並びに其の消費額に就いて」という論説を雑誌
論文に発表したことに始まるとされる．イタリアは観光者の送り出し国ではな
く，多くの観光対象を持つ受入れ国である．つまりインバウンドによる外貨を
獲得するための調査研究だが，蒸気船の普及によってアメリカとヨーロッパで
観光客の往来が盛んになり，外貨であるドルを獲得できる国際観光に当時の経
済学者は注目していた．観光研究はヨーロッパの経済学者によって，その後発
展していく．日本でも鉄道省に設置された国際観光局においてヨーロッパの観
光研究が翻訳され，紹介された．

　アメリカにおいては 19 世紀末以降ヨーロッパへのアウトバウンドが盛んに
行われていたが，国内の交通整備によって国内観光も盛んになった．高等教育
機関としては 1922 年にコーネル大学が創設され，ホテルやレストランの経営
のための人材育成が始められた．アメリカはディズニーランドをはじめ，マリ
オットやヒルトンなどグローバルに展開する観光企業が多くヨーロッパに比べ
て経営の観点での研究が盛んである．MBA 型の観光経営研究や人材育成方式
が優れた経営者を生みだす土台となっている．

　日本の大学では 1963 年に東洋大学短期大学に観光学科が設置されたのが最

初である．立教大学では 1967 年に社会学部に観光学科が設置され，1998 年に観光学部となった．国立大学では 2008 年に和歌山大学で観光学部が設置されている．また，2018 年には京都大学経営管理大学院と一橋大学大学院に観光やホスピタリティ・マネジメントに焦点を当てた MBA のコースが誕生している．学会では，1960 年に日本観光学会が設立，その後日本観光研究学会，日本国際観光学会，日本観光ホスピタリティ教育学会，観光学術学会などが設立され様々な研究がなされている．

(2) **観光学の特徴**

観光学の特徴は様々な学問領域にまたがり，学際的研究が多いことである．ヨーロッパで始まった観光現象に対する経済学からのアプローチや米国での経営学からのアプローチがある．他に地理学，社会学，文化人類学，心理学，歴史学，教育学，法学，都市計画などからの研究が積極的に行われている．また医学とも関係し，ヘルスツーリズムやメディカルツーリズムの分野で学術的な研究がされている．岡本（2009）は観光学を「研究の対象を社会現象としての観光現象とする科学であり，その方法は自然科学，人文科学，社会科学における既存科学からの接近を集大成するもの」としている．

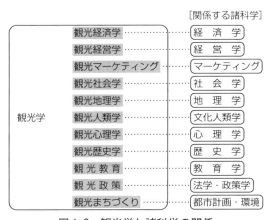

図 1-3　観光学と諸科学の関係
（出所）　筆者作成．

おわりに

　観光学は学際的研究であって体系だった学問ではないという意見をよく聞いた．今でもそう言っておられる方もいる．私たちは，それに反発するのではなく真摯に耳を傾けねばならない．だが，21世紀になって1年間で20億人が移動する社会が今世紀中にも訪れる．観光を学びたいという学生や社会人はますます増えている．観光が21世紀最大の産業と言われるように，観光学は間違いなく21世紀に最も必要とされる学問の1つになるだろう．

　観光というものは多くの人の普遍的な欲求「どこかに行きたい」に立脚している．その欲求はVR（バーチャルリアリティ）に関するテクノロジーが進化しても，衰えることなくむしろ強まるだろう．観光は情報としてインプットされたイメージを実際に体験するという活動であり，リアルなイメージであるほど観光の欲求に影響を与えるからだ．

　観光の変化は速い．だからといって未来の観光の姿だけを追い求めてはいけない．未来は過去，現在から繋がっている．なぜ今に至ったのかは現代の，そしてこれからの観光を語るうえで重要なことである．経済学，社会学，歴史学，法学など先人たちが築き上げてくれた学問体系を糧として，観光を研究することがわれわれの使命と言えるのではないだろうか．

■ **考えてみよう** ■

1．観光の現代的な意義についてまとめてみよう．
2．観光者，観光対象，観光媒体の関係を文章で説明しよう．
3．観光学と諸科学との関係で，自分が興味ある分野は何か考えてみよう．

■ **参考文献** 📖

Dumazedier, Joffre（1962）*VERS UNE CIVILISATION DU LOISIR?*（デュマズディエ，
　　J.『余暇文明へ向かって』中島巌訳，現代社会科学叢書，1972年）．
岡本伸之（2009）「観光研究の諸側面とその構造」溝尾良隆編著『観光学の基礎』原書房．

北川宗忠編著（2008）『観光・旅行用語辞典』ミネルヴァ書房.

公益財団法人日本生産性本部（2020）『レジャー白書2020』生産性出版.

塩田正志・長谷川政弘編著（1994）『観光学』同文舘出版.

中尾清・浦達雄編著（2017）『観光学入門』第3版，晃洋書房.

（中 村 忠 司）

第2章 観光の歴史

はじめに

　この章では，日本の観光を中心に世界の観光の歴史を解説する．国連世界観光機関（UNWTO）の予測では2030年までに世界の海外旅行者数（国際観光客到着数）は18億人に達する．この大規模な移動は徐々に積みあがってきたものではなく，20世紀後半から21世紀にかけて一気に増加したものである．この急激な増加はどのような理由で起こったのであろうか．

　観光は日常圏から非日常圏への移動を伴う活動であり，移動手段における技術革新の影響が大きい．19世紀から20世紀にかけての変化は，鉄道の発達，自動車の発明と道路の整備，航空機の進化と大型化といった交通の発展に伴う観光の大衆化にあった．これらの交通手段を活用した団体旅行が旅行会社により手頃な価格で企画されると，それまで気軽に旅行に行けなかった一般市民が大量に旅行に参加するようになった．マスツーリズムの始まりである．

　21世紀に入るとインターネットによる情報革命が起こる．旅行手配の利便性が向上し，24時間いつでもどこででも旅行は予約できるようになった．さらにSNSにより旅行者自らが情報を発信する時代となる．しかし，21世紀は観光にとって大きな試練の場でもあった．2000年代初頭に起こったアメリカ同時多発テロやリーマンショックによる景気の後退，感染症の世界的流行は旅行に対する欲求を一気に押し下げた．国連は，2017年を「開発のための持続可能な観光の国際年」と定めている．観光は開発途上国の経済成長を支え，貧困撲滅や雇用創出につながる．異文化交流は相互理解を深め，多様性と平和をもたらす．われわれは観光の未来を考えるために，過去を学ぶ必要がある．

1．日本の観光の歴史

　歴史を区分していくには，どのような視点で分類するのかを決める必要がある．ここでは日本の観光の歴史を観光サービスの発展段階に沿って区分していく．観光サービスとは，旅行者が様々な観光行動の過程において，その欲求に対応した財やサービスを提供する活動のことである．旅をするためには交通，宿泊，食事場所，目的地までの情報が必要になる．観光においては，財すなわち形のある「モノ」を提供することより，サービスなどの形のない「コト」を提供する場面が多い．

　そのような観光サービスからの視点で，日本の観光の歴史を区分するとおおよそ次のようになる．

① 観光サービスがほぼなかった時代（中世以前の旅）……交通が整備されておらず，宿泊や食事も自分で用意しなければならない困難を伴う旅の時代．

② 観光サービスが誕生した時代（江戸時代の旅）……街道が整備されて宿場町や食事のできる茶屋が現れ，楽しみとしての旅が始まる時代．

③ 観光サービスが発展した時代（明治から戦前の旅）……関所の廃止と鉄道の開通によって庶民が自由に，より遠くに国内の旅に出るようになった時代．

④ 観光サービスが複合化した時代（戦後から昭和後期の旅）……航空機の進化とパッケージツアーの登場で，誰もが気軽に旅を商品として購入できる時代．

⑤ 観光サービスがグローバル化した時代（平成以降の旅）……インターネットの登場により，誰もが世界中から観光と観光サービスに関する情報を取得できるようになった時代．

(1)　熊野詣の隆盛（中世以前）

　この時代，旅は貴族など一部の階級のものであり，その目的は宗教（参詣）と健康（湯治）であった．参詣の代表が平安時代中期以降盛んに行われるようになった紀伊半島の熊野詣（和歌山県）である．始まりは 907 年の宇多法皇からとされる．ルートは紀伊路と伊勢路の 2 つがあったが，いずれも難路である．

当時，阿弥陀信仰が隆盛する中で熊野は浄土と見なされ，本宮・新宮・那智の熊野三山に詣でる旅であった．特に院政期の白河上皇以降は幾度も熊野御幸が行われ，日本中に熊野詣が知られるようになる．天皇が外出することを行幸と言うが，御幸とは，上皇・法皇・女院の外出に対しても使う言葉である．

　鎌倉時代中期になると地方武士による熊野詣が盛んになり，やがて配下の住人を連れて行くことによって室町時代には民衆に広がっていく．最盛期には“蟻の熊野詣”と言われるほど旅人の行列ができた．この参詣の旅に重要な役割を果したのが「先達」と「御師」である．京から熊野までの行程は往復約600 km で1カ月ほどかかる．京都からは船で淀川を下り，熊野古道を歩き，熊野への玄関口の田辺から中辺路の山道を通って本宮へ向かう．本宮からは熊野川を船で下り新宮に詣でる．新宮からは再び徒歩で那智に登っていく．先達は山岳修験者で全国に熊野詣の霊験を語り，信仰の動機付けを行うとともに，この難路の道案内をする役割を担っていた．また同時に参詣の宗教的な作法を伝授しつつ，宿や食事の手配も行っていた．一方の御師は宿坊を経営し，参詣者を泊めてもてなし，参詣の案内や祈祷を行っていた．熊野から始まった信仰の旅は，伊勢神宮や金毘羅宮，善光寺へと広がっていく．

(2)　お伊勢参りと通行手形（江戸時代）

　江戸時代には五街道が整備され，旅籠や木賃宿などが並ぶ宿場町も登場し，旅のインフラが整ってきた．ただし庶民が居住地を離れる際には関所を通過するための「通行手形」が必要であり，誰もが自由に旅に出かけることはできなかった．関所を通過するためには「往来切手」という身分証明書を菩提寺や町役人から取得しなければならなかった．また江戸と上方では金と銀の基軸通貨が異なるため，東海道のどこかで貨幣を両替する必要があった．旅の目的も楽しみのためではなく，信仰を目的とした参詣の旅と有馬（兵庫県）や草津（群馬県）などへ病気治療を目的とした湯治の旅に限定されていた．しかしながら，制限されていたからこそ，その規制を守れば比較的スムーズに旅に出られたのかもしれない．実際，庶民は信仰を目的に寺社詣に出かけ参詣だけをするのではなく，東国の人は京都や大阪，西国の人は江戸や日光に足を延ばして見物の

旅を行っていた.

　その中でも伊勢参りは年間数十万人，多いときには 100 万人から 300 万人以上の人が参詣したと言われている．江戸時代中期には一生に一度はすべきものとされ，信仰を同じくするものにより輪番制で参拝に行く組織が作られた．それを「講」という．講では大勢の講のメンバーが費用を出し合い，毎年何人かが講を代表して「代参」する形で行われた．今でいう積立旅行である．そんな伊勢講を全国に広めたのが伊勢神宮の「御師」である．御師とは特定の寺社に所属して，その寺社へ参詣者を案内し，参拝や宿泊などの手配を行うもので御祈祷師や御詔刀師を略したものである．伊勢神宮の御師は「おんし」と呼ばれ，600〜700 人が伊勢にいたとされる．御師と檀家を組織化して師檀関係を作り，伊勢参りの旅を企画・斡旋する行為は現在の旅行業に通じる．

(3)　鉄道の開通と観光旅行の始まり（明治から戦前）

　1869 年明治政府によって関所が廃止され，誰もが日本中を自由に旅行できる時代が訪れた．1872 年には新橋—横浜間に初めて鉄道が開通し，その後鉄道網は全国に広がっていく．1889 年には東京—神戸間全線，1891 年には上野—青森間が開通し，東海道を 14 日間ほどかけて江戸から上方へ行っていた徒歩の旅は 20 時間ばかりに短縮された．鉄道の誕生はこれまでの旅を一変させる．鉄道の旅は早いだけでなく安全で時間に正確，しかも団体で移動できる．この特性を活かして旅行会社が主催する団体旅行が誕生した．

　1905 年草津（滋賀県）で弁当屋を営んでいた南進助は高野山参詣と伊勢神宮参詣の旅を企画し，いずれも 100 人前後の参加者を集める．広く一般に企画した旅を募集し，旅行を催行する行為はパッケージツアーそのものである．この募集型企画旅行が日本の旅行業の先駆けとなり，後の日本旅行会（現在の日本旅行）の創業となる．日本旅行会は 1908 年には日本初の国鉄貸切臨時列車を仕立て，7 日間の善光寺参拝団を企画し，900 人もの参加者を集めた．このツアーは参詣だけでなく，江の島や東京，日光など観光地を組み合わせることで観光旅行という商品を創り上げたことでも重要である．

　この時期に観光の国際化も進んでいく．明治政府は富国強兵と殖産興業を基

本政策とし，ヨーロッパ諸国から技術や学問を学ぶため多くの「お雇い外国人」を雇用していた．彼らは高温多湿な日本での生活を快適に過ごすため，避暑の習慣を日本にも取り入れていく．軽井沢（長野県），六甲（兵庫県），雲仙（長崎県）などの保養地が彼らの視点で見いだされた．神奈川県の鎌倉から湘南，大磯海岸などの海浜リゾートも開発される．日本人に自然の美しさを認識させたのも外国人である．英国人宣教師の W. ウェストンは日本の美しい山に魅せられ『日本アルプスの登山と探検』を著わした．雄大な自然景観を楽しむという視点は外国人によってもたらされたのである．

　また政府は外貨の獲得を急務としていた．そのころの日本には欧米からの旅行者を満足させる施設が少なく，その整備が必要であった．1890 年帝国ホテルが開業，1893 年に渋沢栄一らによって外客誘致機関「喜賓会（ウエルカム・ソサエティ）」が設立される．喜賓会は英文の日本地図や日本案内を刊行し，トーマス・クック＆サン社などを通じて直接海外に日本を広報・宣伝していた．喜賓会はその後財政難で解散するが，その意志は受け継がれ 1912 年外国人旅行者の誘致と旅行者への便宜を図るため「ジャパン・ツーリスト・ビューロー」が設立される．後の JTB である．外国人観光客は客船で来日するため，神戸，下関，横浜，長崎などの港のある町や鉄道院の主要駅に案内所が設置された．

(4)　海外旅行と大衆観光の定着（戦後から昭和後期）

　戦争被害の少なかったアメリカや復興が急ピッチで進むヨーロッパでいち早く観光旅行が復活する．欧米では世界一周旅行がブームとなり大型のクルーズ船で多くの観光客が日本を訪れた．戦争終結で航空機の平和利用が急増し，1947 年にはノースウエスト航空とパン・アメリカン航空の東京（羽田空港）乗り入れが始まる．国際航空券の手配・発券は日本交通公社など 7 社が認可され，国際航空運送協会（IATA）代理店として販売を行った．

　海外渡航は貿易赤字が続き外貨の持出が厳しく制限されていたため，ビジネスや留学以外の観光目的の旅行は許可されなかった．1964 年になると経済の回復と共に海外渡航が自由化される．翌 1965 年には日本航空が「ジャルパッ

ク」を発売，1968 年には日本交通公社が日本通運と共同で海外パッケージツアー「ルック」を発売する．1970 年には大量輸送を可能にしたジャンボジェット機が登場し，航空会社が旅行業者に一定数の座席をまとめて安く販売するバルク運賃によって航空運賃の低価格化が進んだことで，パッケージツアーの大幅値下げが行われ海外旅行の大衆化が進んだ．

　国内旅行においては 1964 年の東京オリンピック開催を契機に東海道新幹線の開業，名神・東名高速道路の整備，大型ホテルの建設と観光インフラが整えられた．旅行業界もこのころ近畿日本ツーリスト，東急観光（現在の東武トップツアーズ），阪急国際交通社（現在の阪急交通社）が誕生している．1970 年には大阪で日本万国博覧会が開催される．国内外から 6400 万人の入場者を集め，職場旅行や家族旅行が飛躍的に増えた．高度経済成長下で国民の可処分所得と可処分時間は増加し，マイカーの急増と共に国内旅行は一大発展期を迎える．

　この時期に注目されるのはメディアが旅行者行動に与える影響である．万博終了後から日本国有鉄道（現在の JR）は「ディスカバー・ジャパン・キャンペーン」を展開する．このキャンペーンは若い女性をターゲットとし，小グループの個人旅行を増加させるきっかけとなった．国鉄の大々的な PR に連動して同時期に創刊された女性誌「an・an」と「non-no」は若い女性向けの旅行記事を掲載し，小京都ブームが起きた．観光地は雑誌を手にした「アンノン族」と呼ばれる女性であふれた．

　80 年代に入るとプラザ合意を機に急激な円高が進行する．当時の国際収支は大幅な黒字であり，バランスを改善するために政府は 1987 年「海外旅行倍増計画（テン・ミリオン計画）」を発表する．これは 5 年間で日本人海外旅行者数を 1000 万人に倍増させようとした計画だったが，1 年前倒しで達成された．好景気を背景に OL の海外ブランド品を求めるショッピングツアーがブームになり，欧米のブランド品店は日本人客でにぎわった．

　国内では，1983 年に東京ディズニーランド（以下，TDL）が開業する．TDL は今までの遊園地イメージを一新し，テーマパークという新しい概念を創り出した．日本全国から旅行者を集め，日帰り客ではなく，夜のエレクトリカルパレードや花火を目的にした宿泊客を増加させる．これをきっかけとして原宿，

六本木，お台場など東京をデスティネーションとする都市観光（アーバンリゾート）が注目され，東京は日本最大の観光地となっていく．また，スキーブームやゴルフ人気を背景にリゾート開発が各地で計画されるが，バブルの崩壊による景気の悪化により，多くが計画中止や倒産に追い込まれた．

(5) 観光の多様化と産業のグローバル化（平成以降）

　90年代になると，消費者の多様化・個性化が進み，従来のマスツーリズム型観光商品ではなく，キーワードとしてテーマ性，参加・体験型，交流性，地域性といった消費者のニーズを満足させる旅行商品が求められるようになる．多品種・小ロット，高付加価値で地域の特性を活かした商品は，従来の発地側の発想では造成することが難しく，着地型の「ニューツーリズム」が誕生する．具体的にはエコツーリズムやグリーン・ツーリズム，ヘルスツーリズム，ロングステイなどである．

　現代の生活に最も影響を与えたのはインターネットの登場だろう．観光においても劇的な変革をもたらしている．1つ目は情報提供の革新である．観光は商品として手に取って触れることができず，情報入手のためにはガイドブックを購入したり，旅行会社で現地の情報を聞いたりするしかなかった．インターネットが普及すると旅行者は自ら観光地情報を検索し，必要な情報を入手することができるようになる．また，観光地の自治体や観光施設もそれまでのポスターやパンフレットに比べて，最新の情報を低価格で効率よく提供できるようになった．旅行者が必要な情報を充分に持つようになると旅行会社と消費者との情報の非対称性は薄らいだ．

　2つ目は商品流通の変革である．インターネットでの直販はまず単品と呼ばれる列車や飛行機の予約から始まった．JRの新幹線予約やJAL・ANAの航空座席予約はクレジット決済と結びつき，旅行会社を通さないで購入するシステムを作り上げていく．次に起こったのがホテルや旅館の宿泊予約を中心としたオンライン・トラベル・エージェンシー（以下，OTA）の出現である．1996年にホテル予約サイト「ホテルの窓口」（1999年に「旅の窓口」に名称変更）が登場する．ホテルや旅館は1つの地域に多数あり，旅行者が宿を選ぶためにはネ

ット上で選択しやすいプラットフォームが必要であった．旅の窓口を買収して事業を拡大した楽天トラベル（現在は楽天）やじゃらん net が急激にシェアを伸ばしていく．2017 年主要旅行会社の旅行取扱額で楽天の国内旅行取扱額はJTB に次いで 2 位となった．日本の宿のインターネット販売は拡大するインバウンド需要を取り込もうとするエクスペディアやブッキングドットコムなど海外 OTA が進出し，グローバルな競合が生まれている．また，インターネット上でサプライヤーであるホテルや航空会社の便を直接利用者が選んでパッケージ商品化できるダイナミックパッケージをはじめ，24 時間どこからでも無数の商品を検索し予約できる利便性によってインターネット販売は拡大していく．フルパッケージ商品も含め，ほぼすべての商品がインターネットで予約できるようになった．このことによって旅行会社の店頭利用は激減していく．

　3 つ目は旅行者自らが旅行情報の発信者になったことである．OTA サイトの口コミだけにとどまらず，「Facebook（フェイスブック）」や「Instagram（インスタグラム）」，「Twitter（ツィッター）」などの SNS によって旅行中でも気軽に情報を発信できるようになる．人気のブロガーの書いたブログやトリップアドバイザーの記事は従来の旅行ガイドブック以上の情報量により，消費者の旅行先選択に大きな影響を及ぼす．携帯電話がスマートフォンになり，カメラ機能が充実したことで情報量は飛躍的に拡大した．企業も ICT（情報通信技術）を活用し，旅行者の旅マエ，旅ナカ，旅アトすべてにアプローチすることでビジネスを拡大させようとしている．

　また，シェアリング・エコノミーも出現する．これは物・サービス・場所などを多くの人と共有・交換して利用する社会的な仕組みで，個人が保有する有形無形の遊休資産の貸し出しを仲介するサービスである．2008 年には「Airbnb（エアビーアンドビー）」が，個人の家やマンションの空室を宿として貸し出すインターネット上のサービスを開始し，民泊として広がった．他に自家用車を利用した配車サービスの「Uber（ウーバー）」などがある．インターネットの登場によって日本企業だけでなく，グローバルに展開する外資系企業や観光と今まで関係の少なかった IT 企業が観光分野に参入するようになった．

2．世界の観光の歴史

　世界の観光の歴史を概観すると，まず古代ローマ帝国において領土の拡大と共に起こった交通網と宿泊設備の整備が挙げられる．ローマ帝国はパクス・ロマーナ（ローマの平和）と言われるように市民の生活は安定しており，裕福な市民は都市の郊外や景勝地に別荘（ヴィラ）を建てた．また，温泉開発が各地で進められる．有名なのがドイツのバーデン・バーデンで現在でも高級保養地となっている．古代ローマでは「楽しみのための旅」が行われていた．

　中世になると巡礼の旅が始まる．参拝のための旅は古代ギリシアやローマ帝国時代にも行われていたが，聖地エルサレムをイスラム教徒の手から奪還するために行われた1096年からの十字軍遠征によって注目される．他にもスペインのサンティアゴ・デ・コンテスポーラへの巡礼も活発に行われた．15世紀に入ると西欧諸国において「大航海時代」が始まる．インド航路やアメリカ大陸が発見され，人々の意識の中の世界が広がっていく．

(1)　グランド・ツアーからトーマス・クックの旅へ（近代旅行業の始まり）

　グランド・ツアーとは17世紀後半から18世紀にかけてイギリスの裕福な貴族の子弟が国際的な教養を身につけるために行ったヨーロッパ周遊旅行を指す．目的地としてフランス・イタリア・スイス・ギリシアなどを巡り，家庭教師が同行して歴史や文化，礼儀作法を学んだ．目的地選択の背景にはギリシア・ローマ時代を経た古典を学ぶという意識があった．期間は1，2年から長い場合で8年にも及んだ．

　19世紀になるとイギリスで産業革命が興る．産業革命が観光に与えた影響として，1つ目に鉄道という安全で旅行者を大量に輸送できる，しかも時間に正確な交通手段が出現したことがあげられる．それ以前は馬車や船，徒歩によるものが一般的で計画的な旅行には不向きであった．2つ目として地方から工場労働者として人が都市に流入し大量の労働者が出現する．労働時間と余暇時間という概念が生まれ，裕福な経営者層を中心に旅行に出かける習慣が発生し

た．英国では多くの鉄道が敷設され，海辺のリゾートが開発された．

　1841年トーマス・クックはラフバラーでの禁酒運動大会への参加者のために列車を割安でチャーターし，現地での宿や食事を手配した団体旅行を実施する．1845年には営利事業としての旅行業が手がけられる．これが近代旅行業の始まりとなった．クックはロンドンでの第1回万国博覧会，その後のパリ万国博覧会のツアーを成功させ，1872年には世界一周ツアーを実施した．また海外渡航者向けの小切手であるトラベラーズチェックを発行することで旅行者の利便性を大いに高めた．その後，トーマス・クック社は世界中のホテルや交通機関と契約を交わし，クーポン発行による現在の旅行業の原型を作った．

(2)　大衆旅行時代の到来（マスツーリズムの形成）

　19世紀に入ると蒸気機関船が登場し，オーシャンライナーの旅と呼ばれる大西洋横断旅行が人気となる．欧米間は移民の増加や物資の往来が盛んとなり，観光客も多く訪れるようになった．20世紀前半にはタイタニック号のような大型豪華客船の就航が相次いだ．

　1936年に社会主義政権のフランスで世界初のバカンス法が制定される．すべての労働者に2週間の有給休暇を義務付けるもので，この法律によって貴族や富裕層のものであった旅行が大衆化していく．長期休暇が定着することで南仏のラングドック・ルシオン地区などの海洋リゾートやアルプスのスキーリゾート開発といった大規模観光開発が行われた．1956年に3週間，1969年に4週間と拡大され，現在では5週間の連続休暇が認められている．

　1952年にはジェット旅客機が登場し，船から航空機へと輸送手段が変わる．1970年以降航空機は大型化され，300〜500人という大量の座席を埋めるために割安のバルク運賃（団体割引運賃）が導入されると，低価格による海外旅行の大衆化が進む．航空会社は非常時には軍事的な輸送力となるため，国が民間航空会社を保護し，過当な競争が起こらないように規制により供給を調整していた．80年代に入ると東西冷戦構造の終結を機に航空自由化が起こる．アメリカでは規制緩和による運賃自由化や新規路線の増加で旅行者数が増加した．続いてヨーロッパでも自由化が起こりEU全土で自由に運航できるようになった．

(3) グローバル化と中国の台頭（国際 OTA の誕生）

2000 年代に入るとインターネットが普及し，国境を超えて情報が世界に広がり，国際観光は大きく拡大するとともに変わっていく．伝統的な旅行会社であるドイツの TUI（トゥイ）やイギリスの Thomas Cook，日本の JTB の他に，新たに OTA 専業として米国のエクスペディア・グループやブッキング・ホールディングス，中国のシートリップなどが大きく売上を伸ばしていく．航空会社も従来の FSC（フルサービスキャリア）だけから LCC（ローコストキャリア）が参入することで幅広く需要にこたえるようになる．誰もが自宅や外出先から気軽に宿や交通手段を予約し，旅行ができるようになった．

また今まであまり海外旅行に出かけることがなかった新興国の中間層の可処分所得が増加すると，世界の海外旅行者数は急激に増加する．1950 年には 2500 万人であった国際観光客到着数が，1980 年には 2 億 7800 万人，2000 年には 6 億 8000 万人，そして 2015 年には 11 億 9500 万人となった．また国際観光収入も 1950 年の 20 億米ドルから，1980 年には 1040 億米ドル，2000 年には 4950 億米ドル，そして 2015 年には 1 兆 2210 億米ドルと急増する．中でも中国は強い経済力を背景に海外旅行を伸ばし，インバウンドだけでなくアウトバウンドにおいても世界の観光に大きな影響を与えるようになった．ただ，あまりに急激な拡大は様々な課題も引き起こし，持続可能な観光に対する関心が高まることになる．

おわりに

日本と世界の観光の歴史を振り返ると，まず巡礼など宗教の旅があった．これは現在にも継続されている．第 1 章のマズローの五段階欲求階層（図 1-1）を思い出してほしい．巡礼の旅は最後の自己実現欲求にあたる行為である．国内では四国八十八カ所巡りなどのお遍路や世界文化遺産になった熊野古道は若い人にも人気がある．また，50 年毎に行われる遠忌は大勢の信徒が団体参拝に訪れる．次に平和な社会がある．政治的に安定していたローマ帝国時代や日本の江戸時代には街道や宿が整備され人々は「楽しみのための旅」に出かけた．

19 世紀以降は交通手段の進化が大きく観光に影響を与えた．徒歩や馬から鉄道・船・自動車・飛行機への変化は，飛躍的に人々が遠方に短時間で訪れることを可能にした．旅が効率的で安価になると需要が増し，旅行は産業化していく．ただマスツーリズムによる大量の観光客は地球の自然や社会環境に負荷を掛けやすい．大量の観光客による地域の環境破壊からの反省から，地域の持続的な発展を強く意識した環境共生型の観光として「サスティナブル・ツーリズム」の概念が生まれる．国連は 2017 年を「開発のための持続可能な観光の国際年（International Year of Sustainable Tourism for Development）」と定めた．

21 世紀最大の産業とされている「観光」は国の重要な政策となり，日本は「観光立国推進基本法」を策定し，あらためてインバウンド振興に取り組んでいる．将来の観光の姿を考えるうえで，歴史の中で観光がどのように変化し，発展してきたのかを捉えることが，ますます重要になっている．

■ 考えてみよう ■

1. 明治から戦後にかけて日本政府がインバウンドを奨励した背景を説明してみよう．
2. インターネットは現代の旅行にどのような変革をもたらしたのかまとめてみよう．
3. 産業革命期のイギリスでなぜ旅行が発展したのかを考えてみよう．

■ 参考文献 📖

Brendon, Piers（1991）*Thomas Cook: 150 Years of Popular Tourism*（ブレンドン，P.『トマス・クック物語』石井昭夫訳，中央公論社，1995 年）．

金森敦子（2004）『伊勢詣と江戸の旅』文藝春秋（文春新書）．

小山靖憲（2000）『熊野古道』岩波書店（岩波新書）．

本城靖久（1983）『グランド・ツアー』中央公論社（中公新書）．

安田亘宏・中村忠司（2018）『旅行会社物語』教育評論社．

（中 村 忠 司）

第3章 観光とサービス

はじめに

　観光者は，交通や宿泊，飲食その他様々なサービスを利用する．そして観光は，様々な産業によって支えられている．観光資源の生産に関わる第一次産業（農林水産業），観光事業で使うモノ（ハードウエア）を製造する第二次産業（諸工業，製造業，建設業など），そして観光事業そのものを動かす第三次産業（サービス業）である．第三次産業は，サービスや情報などを提供または仲介する産業である．観光産業は観光サービスを提供する事業の出現により多様に発展・展開し今もなお，変化し続けている．

　本章ではまず，産業分類のなかでサービス業全体を概観し，「サービス」の概念を確認する．次に，観光事業ごとに提供されているサービスを概観し，サービスの現状と将来への課題を考える．さらに，サービスの到達目標とされる「顧客満足（CS）」の概念について理解する．

1．サービスとは

(1) サービス業と呼ばれる産業

　産業分類上サービス業とされる産業は，非常に幅広い（**表3-1** 参照）．

　観光産業におけるサービス業といえば，交通手段としての運輸業や観光地における宿泊業や飲食サービス業（M），旅行用品や土産品を購入する小売業（I），旅行業を含む，レジャー体験を提供する娯楽業（N），それらの予約手配や情報を得るための情報通信業（G）がイメージしやすいであろう．これらの

第3章　観光とサービス　*29*

表 3-1　第三次産業におけるサービス業の捉え方の一例

A	農業，林業	
B	漁業	第一次産業
C	鉱業，採石業，砂利採取業	
D	建設業	第二次産業
E	製造業	
F	電気・ガス・熱供給・水道業	
G	**情報通信業**	
H	**運輸業，郵便業**	
I	卸売業，小売業	
J	金融業，保険業	
K	**不動産業，物品賃貸業**	
L	**学術研究，専門・技術サービス業**	
M	**宿泊業，飲食サービス業**	第三次産業
N	**生活関連サービス業，娯楽業**	
O	**教育，学習支援業**	
P	**医療，福祉**	
Q	複合サービス事業	
R	**サービス業（他に分類されないもの）**	
S	公務（他に分類されるものを除く）	
T	分類不能の産業	

太字は大分類（20 種）において，一般的に広義の「サービス業」と捉えられる産業.
（出所）　総務省，日本標準産業分類（平成 25 年 9 月改定）に加筆.

サービス業には含まれていないが，海外旅行の際の外貨両替，クレジットカード発行を行う金融業や盗難や事故，ケガ，病気など不測の事態に備えた損害保険などの保険業（J）も，観光産業のなかでサービスを提供しているといえる.

　また，個人に対するサービスだけでなく，企業へサービスを提供して観光サービス全体を補完するサービス業（他に分類されないもの）（R）もある．例えば，電気・ガス・水道などのインフラサービス（F），建物や設備の管理や保守点検サービス，交通拠点ターミナルやイベント会場における警備サービス，ホテルで使用するタオル・シーツやレストランで使用する各種リネンクリーニングなどのリネンサプライサービスである．ほかにも，通訳やツアーコンダクターといった専門的な資格を有するガイドなどを旅行会社に派遣する人材派遣業などもその一例として挙げられる.

⑵ 「サービス」

a. 「サービス」の定義

「本日のサービス商品」「サービス価格」「無料サービス」「サービスで時間を延長します」「サービスで○○をお付けします」「もう少しサービス（値引き）してもらえませんか？」などと，われわれは日常的に「サービス」という言葉を用いる．これらの用例では，お金を払ってその対価として受けるという意味での「サービス」だけでなく，無償のモノや情報，時間等の提供，付加といった意味でも使用されており，多義的である．そこで，観光産業の具体的なサービスの事例を考える前に，本章では「サービス」という言葉を近藤（2007）の定義をもとに，次のように定義する．

> サービスとは，「人間や企業などの組織体に，なんらかの効用をもたらす活動で，そのものが市場でお金による取引の対象となる活動」をいう．

すなわち，サービスは，誰かにとって価値のある活動のことであり，それを得るために対価を必要とする．そして，「サービス」は，顧客に対して提供する「商品」であるといえる．

b. サービス生産のプロセス

サービスが市場で取引される商品であるならば，それを生産し，顧客に提供することで利益を得る主体（事業者）が存在する．事業者は，そもそも「何を売りにするか」，「どうすれば利益を上げることができるのか」，「どのような商品を提供できるのか」を考えてサービスを生産する．すなわち，事業者は，収益を上げるための源泉となる経営資源をいかに活用するのかを考え，経営活動を行うのである．

そして，サービスという商品を提供される客体（顧客）は，そのサービスに対してお金を支払う．顧客（客体）は，事業者（主体）が生産した価値（サービス）を自分の価値観に合わせて購入する．観光客の場合，同じ観光地に行くにしても，どの交通手段を使うのか，どの旅行会社を利用するのか，どの宿泊施設に宿泊するのか，どこで何を飲食するのかなど，あらゆる場面で，商品選択を迫られる．

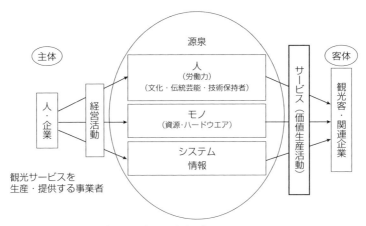

図 3-1　観光サービスの生産プロセス（主体から客体へ）
（出所）　近藤（2007）に加筆し筆者作成．

　図 3-1 はサービス生産のシステムの中で，観光サービスが生産されるプロセスを図式化したものである．観光地には，様々な観光資源が存在し，主体である企業や事業者は，それを客体である観光客にどのように提供すればよいのかを考える．客体がお金を支払う価値を見出せるような，経営源泉であるヒト・モノ・情報を活用するためのサービスを生産することが必要となるのである．

(3)　サービス業の特徴

　サービス業の特徴を考えるにあたり，サービス業を製造業と比較してみよう．製造業では一般的に，有形の商品「モノ」を作り，それを「必要とする人（顧客）」に提供して利益を得る．顧客は，必要な「モノ」を手に入れるために，その対価として金銭を支払う．それらの商品は売り手買い手の双方で保管することが可能であり，再販も可能である．そして，商品の生産が消費よりも先であり，生産と消費は地理的に異なる場所で可能である．顧客は，手に入れた商品の品質，購入後の結果，購入のプロセスなどに満足，不満等の評価を行う．

　それに対してサービス業では，商品は「サービス」であり，無形である．そして，商品（サービス）が提供されるときに消費が同時に進行する．例えば，観光地でタクシーに乗って目的地に向かう場合，タクシー会社は車に客を乗せ

32　I　観光の基礎

て移動するというサービスを提供する．観光客はその車に乗って移動している間にそのサービスを消費している．この「移動」というサービスは保存しておくことができないし，また，どこか別の場所に作り置きをしておいて再利用（再販）することは不可能である．このように，サービスを保存することはできないが，その購入（＝提供と消費）のプロセスやサービスに対する顧客の主観的な評価が行われる．

　豊田（2006）は，サービスの特徴を以下のように4つにまとめている．

① 同時性：生産と消費が同時に同じ場所で起こる

② 消滅性：蓄えておくことが出来ない，作り置きは出来ない

③ 無形性：見えない，触れられない

④ 変動性：誰が誰に，いつどこで提供するかに左右される

　また，近藤（2007）は，サービスとは，事業者が経営資源に価値を与える活動であるとしている．サービスは，事業者が顧客に商品提供する際に行われる「購入してもらうための」価値生産活動で，顧客と共同生産されるものであり，その結果と過程が重要であると述べている（図3-1参照）．

　ところで，サービスは目に見えない活動であり商品としての価値をもつと定義したが，第三次産業は「モノ」を提供する企業活動も含んでいる．サービス業は，何に主眼を置くかによりその定義を変えることができるともいえる．

　例えば，ホテルや遊園地といった形のあるものがなければサービスそのものが作り出されない場合がある．また，航空会社が時刻表に示された時間通りに航空機を運航できず長時間にわたって運航遅延が生じた場合，時間を有効に使えなかった顧客に対して，待たせている間に食事や飲み物を配布して顧客の不満に応えようとすることもあるだろう．さらに，サービス活動は提供者と顧客による相互活動であるからには，提供者の態度的サービスに価値を見出されることもあるだろう．高級ホテルの高級レストランという空間で高級な食材を使った素晴らしい食事を味わう際，それをサービスするスタッフの態度やサービス技量もその食事の価値を高めるために必要不可欠なのである．このように第三次産業全体をサービス業として捉えると，「サービス」について以下のような説明も可能となる．

①「モノ」を媒介としたサービス活動がある.

②「モノ」とサービスが相互に代替性がある場合がある.

③「モノ」の機能を発揮するためにサービスが必要なことがある.

2．観光におけるサービス

　観光産業は，自然環境・社会情勢の変化，発展する科学技術，消費者の求めるニーズの変化の影響を受けながらつねに変化している．それに対応しながら，消滅するサービス，新たに生まれるサービスがあるだろう．本節では，観光におけるサービスについて，事業ごとにその現状や特徴を概観することとする.

(1)　観光サービスの事例と特徴

a．旅行事業のサービス

　旅行事業，特に旅行会社においては，「パッケージツアー」と呼ばれる旅行商品の販売がサービスの中心であると読者は理解しているのではないだろうか．旅行会社のサービスは多岐にわたり，旅行に関する移動手段，宿泊先，観光施設への入場・入館・鑑賞の予約手配，パスポート・ビザ（査証）等の申請書類作成代行や，旅行に関する情報収集ならびに提供といった無形のサービスを提供する．旅行は，行動する顧客との共同生産であり，そのサービスは旅程の進行と同時に消滅する．インターネットの普及とモバイルデバイスの浸透により，旅行に関する情報収集，予約手配に加えて，現地でのナビゲーションなども旅行者が自ら行うことができるようになり，かつて旅行会社が提供していたサービスを利用せずに旅行客自身で行動することも多くなった．OTA の利用や旅行会社が運営する WEB サイトやアプリによる販売など，旅行客がいつでもどこでも自由に旅を購入できるような環境も整備されている．もっとも，情報インフラの行き届かない地方や海外へのビジネス旅行の場面では，ビジネスマンが自ら予約手配・情報収集することが困難な場合があり，旅行会社利用のニーズがある．多忙なビジネスマンに代わって，保険の契約や外貨両替などのあらゆる手配をワンストップサービスで提供できる旅行会社のサービスは対個人で

34　I　観光の基礎

はなく企業間取引としてのニーズがあるのだ.

b. 交通事業のサービス

　交通事業において提供するサービスは, 目的地までの移動サービス (無形) である. 顧客は, サービスを利用するために運賃を支払い目的地まで移動する. 移動を完了したときに購入したサービスの消費は完了する (同時性と消滅性). 移動サービスそのものはパイロットや運転手が担い, 事前準備の場面では整備担当者などが仕事を担う. そして, 顧客がサービスを消費する最終場面では直接顧客に接する部門が仕事を担う. このスタッフや部署をサービスフロントと呼ぶ. 例えば, 航空機の機内サービスにあたる客室乗務員や空港で接客するグランドスタッフ, 空港から観光地へ向かう電車の駅やリムジンバス乗り場の係員, 車掌や案内係などがある. 彼らによる接客サービスは, マニュアルなどの存在により標準化されることが多い. しかし, 運行遅延, 運休などのイレギュラー対応時には, 個々のスタッフがもつ知識・経験による接客技量により, 提供されるサービスに変動が生じる. 公共交通機関の場合は, 定時性や便数といった利便性の高さもサービス評価につながる.

c. 宿泊事業のサービス

　旅行先で宿泊するホテルや旅館などの宿泊施設から旅行者が購入するサービスは「宿泊」である. 施設は, 宿泊・休養してもらうためのスペースや環境を提供し, 利用客は宿泊料金を支払ってその対価としてその場所を利用し, 宿泊という消費行動を完結する. 宿泊サービスの生産と消費は同じ場所で同時に行われる. 利用者のために用意しておいた部屋が予約も利用もされず, 空室のままで時が経過して日付が変われば, その価値を失う.

　サービスフロントとして仲居と呼ばれる接客従事者が個別サービスを行っていた日本の旅館では, サービスは顧客との間で共同生産され, その接客をサービスとして評価することが多かっただろう. ホテルの場合は立地による利便性, 休養のための設備や機能に価値を見出す顧客も多いだろう. ビジネス需要などに対する予約の簡便性や料金設定が評価されることもある. そのような場面には, 人によるサービスは介在しないこともある. また, 体験や交流を求める旅行者は, ゲストハウスや民泊など人と交流できる空間や機会の提供そのものを

サービスとして評価するのではないだろうか.

d．目的地で利用されるサービス

観光サービスは，観光客が観光地でその地域の自然，歴史，文化，温泉，スポーツやイベントなどを見学・体験・鑑賞・観戦する際に提供される様々なサービスである．観光目的地での見学・鑑賞といった体験そのものはもちろん無形であり，旅行業・交通業・宿泊業等と同様，生産と消費が現地で同時に進行し消滅する．しかし，目的地で飲食物や土産物などを販売する物販サービスでは，モノそのものを持ち帰ることができるため，購入する場所と消費する場所が異なる場合もある．目的地で生産された観光サービスは，その評価が事後に行われることが多い．購入したサービスについて，消費者は事後評価を行い，それらが口コミサイトなどによりさらに他者に評価の機会を与えている．モノを提供する側が，品ぞろえを工夫したり店舗空間の快適性を高めたりすることなどもサービスであるといえるだろう．さらに，観光案内所の運営やガイドマップなどの無償配布物の作成，Wi-Fi などの通信環境インフラの整備，観光地の道路整備や景観保全など，行政や公的機関がかかわるサービスも必要となってくる．インバウンド需要に対応するためには，説明表記を多言語化するなどのサービスも求められるだろう．もっとも，神社仏閣を管理する宗教家や歴史的な建造物の管理者，施設運営者は，そもそも「サービスを提供する」という認識でサービスを行っていないだろう．観光の目的地では，本章で定義した有償のサービスだけではなく，ボランティアなどによる無償サービスも提供されていることを付け加えておきたい．

(2)　観光サービスの品質と変化

a．サービス品質の向上と機器の発達

サービスは，過程（プロセス）に金銭的価値を見出されることが多い.

交通事業の場合，指定席やグリーン車，ファーストクラスやビジネスクラスなどの座席を購入する旅客は，快適性を求め，客室設備，食事やエンターテイメント等，ハード・ソフト両面の品質に期待し，その提供方法にも期待する.

宿泊事業におけるサービスは，人に依存している割合が高い．そのため，サ

ービス提供者（スタッフ）の技能や個性によって，サービスの質が異なること
もあり，その品質を一定に保ちにくい．同じスタッフがリピーターである常顧
客に以前と同じサービスを提供しても，その場面によって，顧客による評価は
異なる．サービスの品質を一定に保つために，プロフェッショナルを育て，ま
た継続的に教育することも必要となってくる．

　サービスフロントは，マニュアルでは対応できない予測不能な場面に多々遭
遇する．そのサービスフロントの業務を支える様々な間接部門の仕事がある．
顧客に自分たちの会社や商品（サービス）を「選んでもらう」ために広報や宣
伝，営業，予約・販売などの各部門が努力を重ねている．機器や設備の整備，
施設の保守管理などを行う部門もある．サービスの品質向上を図るための企
画・立案・構築などに携わるスタッフの存在も忘れてはならない．

　科学技術の進歩により，窓口で人を介さずに提供されるサービスは増え続け
ている．今や駅には自動券売機，自動改札機があるのは当たり前となり，交通
系ICカードやインターネットを利用した切符の事前予約とクレジットカード
による決済などを利用することができる．IATAが推進するFAST TRAVEL
では，空港におけるチェックインや手荷物預かりなどに加えて入国審査までも
自動化されつつある．航空機搭乗までの時間短縮＝滞在時間の有効活用という
新たなサービス価値が生まれているのである．最近では，ビジネスホテルなど
で自動チェックアウト機だけでなくチェックイン時も機械による対応が進み，
労働力不足の補完にも寄与している．

ｂ．グローバル時代の観光情報サービス

　航空会社の予約システムであったCRS（Computer Reservation System）は，
GDS（Global Distribution System）として旅行会社，ホテル，レンタカー，鉄道会
社などの旅行業界をネットワークでつないでいる．現在では，このシステムは
観光に関するあらゆる情報をインターネットで提供できるようになっており，
対個人の情報サービスとしてではなく，対企業サービスとして観光産業そのも
のを支えている．顧客がインターネットのWEBサイトやスマートフォンのア
プリケーションによって閲覧する情報や予約購入決済についても，その情報の
ホストとして，GDSが貢献しているのである．

今後は，スマートフォンのアプリケーションによる観光地のガイド機能や翻訳機能への対応など，情報技術産業のなかで提供されるサービスが多様に発展していくであろう．情報技術の発展がこれまでの人を介する観光サービスを変容させていくことになる．サービスフロントももちろん，技術を活用しつつ提供するサービスの質を変化させていかなければならないだろう．

3．CS（顧客満足）

サービスは，それに対価を支払う受け手（消費者）が存在することで成立する．消費者は，受けた瞬間に消えてしまう「サービス」に何を求めるのか，言い換えれば，サービスのどこに価値観を見出し，満足を得るのであろうか．

そして，観光サービスを提供しその対価を得る側（地域の観光対象を運営する民間企業や各種団体，法人，個人事業主や資源を管理するための行政機関など）は，消費者である観光客たちをどのように満足させていけばよいのであろうか．

(1) CS（Customer Satisfaction）顧客満足とは

顧客は，購入前に抱いていた期待と実際の商品・サービスが一致すると満足する．金額に見合ったものであれば満足するはずである．しかし，支払う金額に見合う「あたりまえ」の状態，すなわち「大体思っていたとおり」であったという状況では，「次は，他（競合他社）のものを試してみよう」という展開もある．「期待通り」であるだけでは，再購入につながるとは考えにくい．

企業の存続は，再購入し続けてくれるリピーターを，いかに獲得・維持するかにかかっている．「いつでも相手の期待を上回る」サービスを提供し，「大変満足した」状態をつくっていくことが求められる．

「CS（Customer Satisfaction）顧客満足」とは，企業において，その度合いを定期的に評価し，次期商品開発に結びつけるなど，経営戦略をたてる際の指標や目標を設定するために必要な概念である．

⑵ CS の目的

　顧客が「大変満足」した状態あるいは「感動」した状態，つねに「期待を上回る」状況を作らないと再購入・再利用は望めない．CS の目的は，長期的かつ継続的な利益をもたらす顧客を囲み続けることである．サービスやモノを提供する場面で目の前のお客様に満足してもらうことだけが CS ではない．再度利用してもらうこと，他社へ離反させないことが目標であり，収益を増やすことが CS の目的である．

　顧客は，満足したから繰り返し購入するとは限らず，時間の経過，競合他社の新製品の発表，社会的・経済的変化等複雑に様々な要因の影響を受けながら再購入を検討する．SNS や動画サイトの普及で事前に情報を獲得できる現在の市場では，その満足度や感動の尺度も変容しつつあるだろう．

　現在は，「より良いサービスの提供を考える取り組み」と，「クレームを真摯に受け止め対応する苦情処理の見直しについての取り組み」が企業における CS の二大潮流となってきている．常顧客（リピーター）であるからこそ，不満な場合に意見や苦情を企業に伝える場面もあり，苦情対応も重要な CS 活動である．

　観光客が観光行動を行う前に抱く期待は，他の産業以上に高いものではないだろうか．観光産業において，新規顧客およびリピーターの誘客には，観光サービスの提供される様々な分野でモノやプロセスの改善，ひとの教育など，継続的な CS 活動が必要となってくる．

おわりに

　本章では，観光事業の事例をもとにそのサービスの特徴と価値について考えた．無機的な「モノ（hardware）」に，ひとの有機的な配慮や工夫を伴った行動「コト（サービスという software）」を付加して提供する．「ひとのするコト」という形のない変幻自在の「サービス」が無機的な「モノ」のサービスや価値を強化しているといえるのではないだろうか．そこには相手の求める「モノ」を新たに作って提供することも含まれる．今後，ひとを代替する AI や IOT の発

達・進化が見込まれる．人々の価値観の多様性，時代の流れにともなう社会環境の多様性と変容のなかで「ひと，モノ，コト」を提供する観光サービスは，その顧客満足の次の目標を探索し続けるのである．

■ 考えてみよう ■

1. 自分自身の観光体験のなかで，思い出が，「モノ」であるのか，「ひと」によるサービスであるのか考えてみよう．
2. 観光サービスのなかで，対観光客でなく対事業者のサービスがどのくらいあるのか考えてみよう．
3. 観光サービスの場面で AI や IoT を活用すれば，ホテルや交通機関のサービスは無人化できるか？ 人にしかできない場面を考えてみよう．

■ 参考文献

今枝昌宏（2010）『サービスの経営学』東洋経済新報社.

カールソン，ヤン（1990）『真実の瞬間——SAS（スカンジナビア航空）のサービス戦略はなぜ成功したか』堤猶二訳，ダイヤモンド社.

近藤隆雄（2007）『サービス・マネジメント入門（第3版）』生産性出版.

総務省統計局（2017）「サービス産業動向調査」平成27年拡大調査結果（確報）平成29年5月31日〈http://www.stat.go.jp/data/mssi/kekka/pdf/k2015k.pdf〉（2018年8月31日最終閲覧）.

高橋一夫（2017）『AD・STUDIES』Vol. 57（3月25日号）.

豊田正和（2006）「サービス産業政策の確立に向けて」『一橋ビジネスレビュー』東洋経済新報社54巻2号.

中尾清・浦達雄編著（2017）『観光学入門』第3版，晃洋書房.

（稲 本 恵 子）

Ⅱ　観光と経営

第4章 旅行事業

はじめに

　大阪で万国博覧会が開かれた 1970 年頃から，日本人の国内旅行者数が増え，バブル時代から海外旅行者数も増え，旅行産業は成長産業となった．しかし，テロや飛行機事故，SARS などの感染症でたちまち影響を受けたり，不況のあおりを真っ先に受けたりと，順調に業績を伸ばし続けているとは言い難い．

　しかし，文系大学生の就職企業人気ランキングでは，常に上位にランクイン[1]
していて，旅行業界は就職先としてまだまだ人気があるといえる．

　インターネットが普及して，旅行産業を取り巻く環境は大きく変化している．旅行者の情報量が多くなり，航空券やホテルの予約も旅行者自身が直接インターネットを通じて，容易にできるようになった．情報の優位性は旅行会社にはなく，もはや「旅行会社不要論」まで出てきている．

　この章では，まず「旅行業」とは何かを知り，旅行業の仕事の内容を知った上で，旅行会社の存在意義を考え，旅行業者がこの時代にどうあるべきかを考えるきっかけにしたい．

1．旅行業とは

　旅行業は，観光庁長官又は都道府県知事の実施する登録が必要となる事業である．では，どういった事業が旅行業に該当するのであろうか．

　旅行業者を規制する法律として旅行業法がある．旅行業法第 2 条では，「旅行業」を，「報酬を得て，次に掲げる行為を行う事業をいう．」と定義している．

つまり，３つの条件が整えば「旅行業」に該当する．３つの条件とは，① 報酬を得て，② 一定の行為（旅行業務）を行う，③ 継続して行う意思のある事業，である．

具体的には，以下のとおりである．

１）報酬を得ること

経済的な収入を得ることである．旅行業者の収入は，旅行者から直接得る手数料だけでなく，運送・宿泊機関等から得る販売手数料（コミッション），他の旅行業者の企画旅行を代理販売しての手数料などがある．

２）一定の行為を行うこと

つまり，旅行業に該当する行為を行うことである（a～e）．

　a．企画旅行を実施するため，運送・宿泊機関との間で契約を締結し，必要なサービスを受けられるようにする．

　b．aの行為に付随して，運送・宿泊以外の食事場所や施設などとの間で契約を締結し，必要なサービスを受けられるようにする．

　c．手配旅行として，運送・宿泊機関との間に立ち，サービスを受けられるように契約を締結する．

　d．cの行為に付随して，運送・宿泊以外のサービスを受けられるように契約を締結する．

　e．旅行の相談に応じる．

３）事業として，反復継続して行うこと．

2．旅行業の登録

旅行業に該当するこの３つの条件がそろった場合，観光庁長官又は都道府県知事の実施する「登録」を受けることが義務付けられている．登録を受けなければ，営業はできない．旅行業法では，旅行業法施行規則第１条の３に，（業務の範囲）として，登録の種別が定められている（表4-1）．取り扱うことができる業務の範囲を決めて登録することになる．

また，2018年より，「旅行サービス手配業」も登録を受けなければならない

第 4 章　旅行事業　　*45*

表 4-1　旅行業者等の登録の業務範囲

旅行業等の区分		登録行政庁 (登録の申請先)	業務範囲※			
			企画旅行			手配旅行
			募集型		受注型	
			海外	国内		
旅行業者	第1種	観光庁長官	○	○	○	○
	第2種	都道府県知事※※	×	○	○	○
	第3種	都道府県知事※※	×	△※※※	○	○
	地域限定	都道府県知事※※	×	△※※※	△※※※	△※※※
旅行業者代理業		都道府県知事※※	旅行業者から委託された業務			

(注)　※登録業務範囲について
　　　募集型企画旅行：旅行業者が予め企画を作成，旅行者を募集するもの
　　　受注型企画旅行：旅行業者が旅行者からの依頼により旅行計画を作成するもの
　　　手配旅行：旅行業者が旅行者からの依頼により宿泊施設や乗車券類のサービスを手配するもの
　　※※都道府県知事：旅行業者等の主たる営業所を管轄する都道府県知事
　　※※※拠点区域内（自らの営業所が存する市町村及びそれに直接隣接する市町村，観光庁長官の
　　　　定める区域）に，出発地，目的地，帰着地の全てが入っている場合に限られる．
(出所)　観光庁ホームページ「旅行業法における登録制度の概要」(2020 年 7 月 29 日更新).

ということになり，旅行業を営む者のため，運送又は宿泊の手配などの行為をこれらのサービスを提供する者との間で，代理して契約を締結したり媒介したりする事業を行う場合は，都道府県知事の行う登録を受けなければならない．

　2022 年現在，種別ごとの登録業者数は右（**表4-2**）のとおりである．

　日本では，大手旅行業者から中小旅行業者，個人旅行業者，また特定の旅行業者と代理店契約を結ぶ旅行業者代理業者を含め，約 1 万社の旅行業者等がある．その規模はまちまちであるが，総合旅行業者ともいえる第 1 種旅行業者は少なく，小規模経営の旅行業者が多いのが現状である．

表 4-2　旅行業者等・旅行サービス手配業者の登録数

旅行業者	第1種旅行業者	631
	第2種旅行業者	3,035
	第3種旅行業者	5,254
	地域限定旅行業者	534
旅行業者代理業者		537
旅行サービス手配業者		1,800

(注)　2022 年 4 月 1 日現在.
(出所)　観光庁ホームページより筆者作成.

3. 旅行業務とは

表4-1における登録業務範囲にある旅行の形態を，実際の旅行業務に即して詳しく見てみよう.

(1) 募集型企画旅行

標準旅行業約款においては，「旅行者の募集のためにあらかじめ，旅行の目的地及び日程，旅行者が提供を受けることができる運送又は宿泊のサービスの内容並びに旅行者が当社に支払うべき旅行代金の額を定めた旅行に関する計画を作成し，これにより実施する旅行をいいます.」と定義されている. 旅行会社には，主体的に行うため責任が重く，日程表に記載された内容を必ず履行しなければならず，天災地変などの不可抗力を除き，運送宿泊機関の過剰予約受付などで旅行内容が変更になる場合には，変更補償金を支払わなければならない. また特別補償として，急激かつ偶然外来の事故においては補償金も支払わなければならない.

募集型企画旅行とは主に，旅行会社が新聞の広告や店頭のパンフレットなどで募集して実施する旅行である. 日本の旅行会社の店頭には，所狭しと各方面別のパンフレットが並べられているが，旅行会社の主力商品であるパッケージツアーといわれるもので，各大手旅行会社が「顔」としてブランドを冠し，全国展開をして販売しているものである. これは募集型企画旅行の代表的なものであるが，これ以外にも旅行会社独自の販売網を用い，電話やインターネットを通じて販売しているものも多く，食事付き・添乗員付きのツアーからフリープランとして旅行者が自由に組み立てられるものまで多岐にわたっている. また，単発ものとして，営業所単位で募集されるものもある.

この募集型企画旅行は，受託契約という形で他社と契約を結び，他社のツアーを自社の店舗で販売し，手数料を得ることができる. 店頭には，自社のパンフレットと他社のパンフレットが一緒に並んでいることも珍しくない. 前述の第3種旅行業者などは，自社の募集型企画旅行は地域限定に限られるため，他

社のツアーの販売を専門的に行う「リテーラー（小売り）」としての業務を行っている業者が多い．

(2) 受注型企画旅行

　標準旅行業約款においては，「旅行者からの依頼により，旅行の目的地及び日程，旅行者が提供を受けることができる運送又は宿泊のサービスの内容並びに旅行者が当社に支払うべき旅行代金の額を定めた旅行に関する計画を作成し，これにより実施する旅行をいいます．」と定義されている．

　募集型がレディメイドなのに対して，受注型はオーダーメイドで，旅行者の希望にそって，企画される．そのため，旅行者の希望によって内容の変更も可能である．募集型の「変更補償金」と「特別補償」は，受注型にも適用される．主な例としては，修学旅行や社員旅行などがある．

(3) 手 配 旅 行

　標準旅行業約款では，「旅行者の委託により，旅行者のために代理，媒介又は取次をすることなどにより旅行者が運送・宿泊機関の提供する運送，宿泊その他の旅行に関するサービスの提供を受けることができるように，手配をすることを引き受ける契約をいいます．」と定義されている．つまり，旅行者自身がプランを立てて，宿泊施設や交通機関の手配を旅行会社に依頼するというもので，旅行会社は旅行者から手数料を収受する．チケット1枚から世界一周旅行まで，手配旅行として依頼することができる．

　旅行会社の原点は，手配旅行である．パッケージツアーができるまでの旅行会社は，駅前の一等地で，国鉄の乗車券類を代理販売し，それに伴う旅館の手配をし，手数料を収受していた．しかし，インターネットが今日のように普及すると，インターネットを通じて旅行者自身で予約することが容易になり，旅行会社のこの機能が一番ダメージを受けることになった．

(4) 旅 行 相 談

　旅行者が旅行計画を作成するためにアドバイスをしたり，旅行者のために旅

行計画を作成したり，必要経費の見積もりをしたり，情報提供をしたりするのが，相談契約の業務である．旅行者はこれに対し相談料金を支払う．

4．旅行業の仕事内容

旅行会社といえば，大きな駅の改札の前や駅前通りにあり，多くのパンフレットが並んでいるガラス張りの店舗をイメージするのではないだろうか．そしてその仕事といえば，カウンター越しに接客をすること，と思う人も少なくないと思われる．しかしもちろん，カウンター営業だけが旅行業の仕事ではない．どのような仕事があるのか見てみよう．

(1) 営　　業
営業は，カウンター営業だけでなく，アウトセールスといわれる渉外営業，電話やインターネットを通じての営業となるメディア販売に分けられる．

a．店頭販売（カウンター営業）

パッケージツアーの販売や，個人の手配旅行としてチケットの販売などを行う．不特定多数の旅行者を相手にするため，幅広い旅行知識が必要とされる．インターネットが今日のように普及すると，旅行者の情報量が豊富になり，カウンターにわざわざ足を運ぶ必要性がなくなってしまう．店頭スタッフの業務知識の向上を図り，コンサルティング能力を高める必要がある．

b．渉外販売（アウト・セールス）

主に，受注型企画旅行や手配旅行の営業のため，顧客のもとを訪れる．具体的には，修学旅行や語学研修などの教育旅行のために学校を訪れたり，社員旅行などの営業のために，企業を訪れる．法人営業とも言われる企業への営業は，その他に業務出張のための手配や，視察旅行のための手配，報奨旅行として，会社がある一定の売り上げをあげたものに対して旅行を提供する旅行の手配などの営業がある．

c．通信販売（メディア販売）

新聞や雑誌，インターネットのホームページ上で募集した募集型企画旅行を

電話やインターネットで申し込みを受け付け，販売する．新聞広告で大きく広告を出す会社もあるが，インターネットが普及して，小規模の会社でもインターネットを通じて販売できるようになった．

(2) 商品企画

パッケージツアーのコースを企画し，パンフレットを作成する．第3種旅行業者や地域限定旅行業者は，地域限定の募集型企画旅行しか企画ができないので，海外旅行や他地域への国内旅行の企画は，第1種，第2種の登録が必要であるし，その中でも商品企画に携わることができる人数は限られている．

旅行会社のオリジナリティが要求され，「どこのツアーも同じ」になってはいけないので，発想力・企画力が問われる．また，流行っているものを取り入れたり，新しいスポットを開発したり，といったトレンドへのフォローも必要になってくる．つねに世間の情勢に目を向けていなければならない．

(3) 予約・仕入れ

企画に沿って，航空座席やホテルの客室の仕入れ，食事や観光の手配などを行う．特に海外旅行の場合は，ランドオペレーターといわれる手配代行者を通じて手配を行う．

(4) そ の 他

海外のツアーや国内のバスツアーなどの場合は，添乗員をつける場合も多い．会社の職場旅行などの場合は，旅行会社の自社の社員を添乗員につけることもあるが，ほとんどのツアーでは，添乗員派遣会社からの添乗専門のスタッフをつけることが多い．主要な旅行会社は，子会社として添乗員やツアーの送迎専門スタッフの派遣会社を持っているが，独立した添乗員派遣会社もある．

お客様相談室を持っている企業も多い．パッケージツアーでは解散前にお客様アンケートをとり，その処理を行い，顧客の声を集めている．また苦情対応も相談室のベテラン社員が一手に引き受ける．

旅行とは関わらない管理部門ももちろんある．総務部，人事部，経理部とい

った部署で働く人も多い．

　その他にも，広告業務，ホームページの管理など，企業によりその業務内容は多岐にわたっている．

５．旅行会社の存在意義と課題

　旅行者が旅行会社に求めるのは，安心・安全，手軽さ，価格などである．

　まず，安心・安全であるが，旅行会社には情報量が豊富で，長年蓄積されたデータがあり，提供してくれているものは信頼できる．「旅行会社のツアーなら間違いないだろう」と思っている人も多い．

　インターネットで検索はできるが旅行会社に頼んだほうが早い．短時間に検索して，提供してくれる．また，飛行機や列車などの手配とホテルや旅館の手配を旅行者自身がするより，旅行会社のセット旅行などで頼んだほうが，安くなる場合も多い．

　このように旅行会社の存在意義はあるはずだが，それを活かしきれていないという現状もある．旅行会社に行けばカウンターで丁寧に教えてくれると思い足を運ぶと，旅行者のほうが情報量が多かった，という話も聞く．カウンターに座るスタッフ自身が旅行経験や海外渡航経験も少なく，コンピューターを使っての予約などはできても，コンサルティング能力に欠けるのである．

　こうした現状から考えられる課題をあげてみる．

⑴　人材育成

　旅行が多様化していく中，旅行者の求めるものが多岐にわたる現状に照らし，旅行業者は専門家としての人材育成が急務である．カウンター業務を行うには，コンピューターの処理能力だけではなく，旅行に関する知識・情報を広く持たなければならず，コンサルティング能力も必要とされる．

⑵　商品開発

　どこの旅行会社に行っても同じような商品が並んでいるのでは，生き残れな

い．旅行の多様化・個性化に対応するための商品開発が必要である．

旅行者が望むものは，次のようなものが考えられる．

① 個人では手配が難しいイベントチケットなどが組み込まれたもの．例えば，スポーツの国際試合やコンサートチケットを見に行くツアーなど

② 個人では手配が難しい場所や地域が組み込まれたもの

③ 高齢者向けのゆったりした日程のもの

④ 富裕層向けのグレードの高い施設を使うもの

⑤ 体験や訪れる土地ならではのものを含むもの

こういったものをすべて造成するのは難しく，旅行会社も棲み分けをはかり，それぞれの会社のオリジナリティが求められる．

(3) 企業努力

旅行会社は，賃金が低く労働時間が長い，と言われている．収益性を高め，安定した賃金で従業員を雇用できることが求められる．また，平和産業であることの自覚を持ち，法令を遵守して旅行の安心・安全を高めていかなければならない．

おわりに

旅行会社といえば，大手旅行業者しか思い浮かばない人も多いと思われるが，その後ろに中小旅行業者がたくさんあり，それぞれに生き残りをかけている．その中にもオリジナリティを持ち，売り上げを伸ばしている会社もある一方，淘汰される旅行業者もあるかもしれない．旅行業者は，より多様化するマーケットに適応しながら，専門性を高め，安心・安全なサービスを提供して存在意義を高めていかなければならない．

旅行者のニーズを把握して，旅行というツールを使って，平和に貢献し，企業をどのように発展させていくかを考える旅行業は，まだまだ夢のある産業だと言えるのではないだろうか．

52　Ⅱ　観光と経営

■ 考えてみよう ■

１．近くにある旅行会社のカウンター営業の特徴は何か，考えてみよう．

２．旅行会社のホームページを見て，使いやすさを比べてみよう．

３．旅行会社を１つあげ，オリジナリティは何か，考えてみよう．

■ 注

１）マイナビ 2021・日本経済新聞　2020 年卒版 就職企業人気ランキング　文系総合
〈https://job.mynavi.jp/conts/2021/tok/nikkei/ranking20/rank_bun_all.html〉（2021
年 1 月 15 日閲覧）．

■ 参考文献📖

観光庁ホームページ「旅行業法における登録制度の概要」〈http://www.mlit.go.jp/kanko
cho/shisaku/sangyou/ryokogyoho.html〉．

――――「各都道府県の旅行業者・旅行業者代理業者・旅行サービス手配業者数一覧表」
〈https://www.mlit.go.jp/kankocho/shisaku/sangyou/content/001483087.pdf〉（2023
年 4 月 12 日閲覧）．

JTB 総合研究所（2020）『旅行業実務シリーズ① 旅行業法及びこれに基づく命令』．

――――（2020）『旅行業実務シリーズ② 旅行業約款，運送・宿泊約款』．

橋本亮一（2017）『よくわかる旅行業界』日本実業出版社．

森下晶美（2012）「旅行会社の事業」松園俊志・森下晶美編著『旅行業概論――新しい旅
行業マネジメント――』同友館．

（渡部美智子）

第
5
章

宿泊事業

はじめに

　この章では，観光に欠かせない宿泊事業について，まず，宿泊に関連した日本の法律を概観し，その仕組みと宿泊の分類を学ぶ．そして，ホテルと旅館の歴史とその展開から，宿泊についての知識をさらに深めることを目指す．最後に，その他の宿泊事業としてゲストハウス，カプセル・インや近年，話題となっている民泊などを取り上げる．というのも，宿泊客は単に泊まるだけではなく，宿泊客同士の情報交換，宿泊客が地域の人々と交流したり，文化を体験したりすることが見受けられるからである．

1．宿泊事業の分類

　宿泊は，観光者が安全かつ快適に泊まり，休息するための機能が求められる．ホテル・旅館（日本の場合）といった宿泊産業は，特に21世紀に入って以降，科学と通信技術の飛躍的な発展により，さらに多様化の様相をみせ，変化し続けているといってよいだろう．

　日本の宿泊業については，厚生労働省が監督官庁となる旅館業法と，国土交通省観光庁が監督官庁となる国際観光ホテル整備法の2つ法律が，長く施行されてきた（表5-1参照）．

　旅館業法第2条によれば，宿泊業とは「宿泊料を受けて，人を宿泊させる営業」のことであり，宿泊とは「寝具を使用して，施設を利用すること」と定められる．1948（昭和23）年に施行された旅館業法は，次の4つに区分して設置

54　Ⅱ　観光と経営

表 5-1　日本の旅館とホテルの施設・設置の基準

法律		旅館業法 1948（昭和 23）年施行	国際観光ホテル整備法 1949（昭和 24）年施行 1993（平成 5）年改正施行
ホテル	監督官庁	厚生労働省健康局生活衛生課 （現在，施行当初は労働省）	国土交通省観光庁 （現在）
	目的	旅館の業務の適正な運営を確保することにより，健全な発達を図るとともに，利用者の需要の高度化，多様化に応対したサービスの提供を促進し，公衆衛生や国民生活の向上に寄与すること．	外客の宿泊に適する施設の登録制を実施するとともに，これらの施設の整備を図り，あわせて外客に対する情報提供を促進するなどし，外客に対する接遇を充実し，国際観光の振興に寄与すること．
	施設概要 洋式の構造及び設備を主とする施設を設け営業	施設基準 ・洋式の客室数 10 室以上 ・適当な数の洋式浴室又はシャワー一室を有する． ・水洗式でかつ便座敷のものがある．共同用のものは男女区別があること． ・洋室 9 m² 以上 ・和室 7 m² 以上	・優秀な庭園を備え，建築が良好であること． ・洋式の構造および設備をもってつくられた洋客室が東京 23 区，横浜市，神戸市，京都市においては 30 室以上，その他の地域では 15 室以上で，かつそれぞれ 2 分の 1 以上が基準客室であること． ・13 m² 以上（浴室・トイレを含む）
旅館	施設概要 和式の構造及び設備を主とする施設を設け営業	施設基準 ・和式の客室 5 室以上 ・入浴に支障をきたさないように，適当な規模の設備を有すること． ・トイレは適当数有する． ・和室 7 m² 以上 ・洋室 9 m² 以上 窓口は所在する保健所である．	・環境・建築・外観および庭園が優秀であること． ・椅子・テーブルを備えた広縁のある客室が総客室数の 2 分の 1 以上（客室総数が 10 室以上，かつ客室総数は 3 分の 1 以上）． ・13 m² 以上（浴室・トイレを含む） 旅館基準は，旅館業法の基準を上回る．

（出所）　旅館業法は厚生労働省ホームページ〈http://www.mhlw.go.jp/stf/seisakunitsuite/bunya/
0000130600.html〉（2018 年 11 月 1 日閲覧），国際観光ホテル整備法は国土交通省観光庁ホームページ
〈http://law.e-gov.go.jp/htmldata/S24/S24HO279.html〉（2018 年 11 月 1 日閲覧）より筆者作成．

基準が設けられており，公衆衛生と善良な風俗の維持についても言及している．
つまり，泊まる部屋は換気や採光が十分にとられて湿気がないといった衛生面
に気を配ることが求められる．宿泊事業者は，静かな環境のもとに宿泊客が睡
眠を妨げられることなく，安心して休めるようにしなければならない．
① ホテル営業──洋式の構造及び設備を主とする施設を設けて行う営業である．

② 旅館営業——和式の構造及び設備を主とする施設を設けて行う営業．駅前
　旅館，温泉旅館，観光旅館の他，割烹旅館が含まれる．
③ 簡易宿所営業——宿泊する場所を多人数で共用する構造及び設備を設けて
　行う営業．ベッドハウス，山小屋，スキー小屋，ユースホステルの他カプ
　セルホテルが該当する．
④ 下宿営業——１カ月以上の期間を単位として宿泊させる営業．
　そして，旅館業を経営するものは，都道府県の知事の許可を受けなければな
らず，旅館業を運営するためには，都道府県の条例で定める換気，採光，照明，
防湿，清潔等の衛生基準に従うことになる．

２．ホ　テ　ル

　ホテルはキリスト教徒による聖地巡礼が盛んになった中世に，ヨーロッパを
中心に誕生し，発展してきた．
　当時の旅は過酷で，路傍で餓死する旅人が多く，命がけの行為であった．そ
のため，修道院や教会はやむなく旅の途中で病に倒れる者，宿のない巡礼者を
庇護し，看病をする施設を敷地内に設けた．今も現存するフランスのブルゴー
ニュ地方ボーヌにある施療院（hospices，オスピス）は，傷病人の救済を目的と
して，1443 年に大地主によって建てられた（寺田 2006：13）．彼は自らのブド
ウ畑を寄進して，そこから得られる収入を施療院の経営に充てたという．
　施療院は神の館（Hôtel-Dieu，オテル・デュー）と呼ばれ，ボーヌの施療院は現
在の病院の原型になったともいわれる．ここから病院を指すホスピタルと宿泊
施設のホテルとに分かれていく．英語のもてなしを指すホスピタリティもここ
から生まれた．

⑴　グランドホテルの時代
　私たちがホテルと聞いてイメージするホテルの原型は，19 世紀の半ばに誕
生したホテルにみることができる．皇帝ナポレオン三世が発案したグランドホ
テルは 1862 年にパリに建てられ，盛大な開業祝賀会が催された．ホテルにそ

56 II 観光と経営

の土地や経営者の名前を冠することなく「偉大な・高級な・立派な」を意味する「グランド」のことばのみを用いたホテルは，これ以降，世界各国へ広がるグランドホテル，つまり高級ホテルの代名詞となっていく（富田 2012：52-57）．

このグランドホテルの発展を考えるとき，「ホテル王」と呼ばれたセザール・リッツ（César Ritz, 1850-1918）は重要であろう．スイス生まれのリッツは，ウエイターとして働くパリのレストランに集まる王侯，貴族，新興の富豪や芸能人たちと接するうちに，彼らの嗜好，習慣や虚栄心などに精通して，のちの自身のホテル経営に活かしていく．

リッツは 1898 年にパリで，オテル・リッツ（Hôtel Ritz）を開業し，料理人のジョルジュ・A. エスコフィエ（Georges A. Escoffier, 1846-1935）と組む．リッツのホテルは，のちに世界に展開することになるザ・リッツ・カールトンの創業へとつながる．ホテルのスタッフは「We are ladies and gentlemen serving ladies and gentlemen（紳士淑女をおもてなしする我我もまた，紳士淑女である）」と記された「クレド（credo，信条）」をつねに持ち，最高のもてなしをゲストに提供している．

(2)　アメリカにおける展開

アメリカは，1830 年から 50 年代に産業革命が進行し，その後の南北戦争以降，工業が発達し大資本家が誕生する．億万長者，大富豪や新興の実業家たちが集まるニューヨークでは，1897 年に建てられたウォルドルフ・アストリア・ホテルがまさに彼らのための滞在や宿泊先となり，そこではパーティや会合といった公共の空間の役割も兼ね備えた（鈴木・大庭 1999：77）．

一方で，主に商用旅行者を対象としたコマーシャル・ホテル（Commercial Hotel）を考え出したアメリカ人のエルスウォス・M. スタットラー（Ellsworth M. Statler, 1863-1928）がいる．彼は，ホテルを社会大衆への「奉仕の機関」として，一般庶民が負担できる価格でホテルに泊まることができるように，そして彼らに世界最高のサービスを提供することを目指した（岡本 1979：21-22）．

1908 年にニューヨーク州バッファローに開業したスタットラー・ホテルの宣伝文句は「1 ドル半でバス付の部屋を」であり，アメリカで初めて，ホテル

の全室にバス（a bath(tub），浴槽）を取りつけた．スタットラーは現在のホテルの仕様では当たり前となっている鍵穴のついたドアの取っ手，ドアの直ぐ裏側に付けられた室内灯のスイッチ，客室に備え付けの電話をつけるなど，現在に繋がるホテルの仕様を発案した（岡本 1979：22-23）．

　その後，ホテル産業のチェーン化の経営手法の出発点といわれるコンラッド・N.ヒルトンによるヒルトン・インターナショナル，アーネスト・ヘンダーソンのシェラトン・ホテルなどが生まれている．

(3)　日本でのホテルの展開

　元禄年間（1688-1704）に，当時，唯一の交易相手のオランダ人のための宿泊施設，阿蘭陀宿の「長崎屋」が長崎屋源右衛門によって，江戸（現在の東京）と大坂（現在の大阪）に開かれた（鈴木・大庭 1999：14）．

　1867（慶応3）年には，外国人居留地のある築地に，日本人による初の洋式ホテル「築地ホテル館」が建設された．この築地ホテル館は，洋式の技術に和風の装飾を施した和洋折衷の建築で，102室の部屋とレストラン，ビリヤード場を備えていた．その後も横浜居留地の「グランドホテル」，1873年「金谷カッテージ・イン」，1878年箱根宮ノ下に日本初の本格リゾートホテル「富士屋ホテル」などが建てられる．

　1883年には贅を尽くした宴会場や宿泊施設，バー，そしてビリヤード場まで備えた鹿鳴館が建てられた．続いて，外国からの賓客を接遇する本格的ホテルの帝国ホテルが1891年に渋沢栄一，大倉喜八郎ら財界人によって開業された．資本金の一部を宮内省が持ち，敷地を外務省他から借りた（岡本 1979：102-104）．当時，ホテルに泊まる人々は，外国からの政府要人・旅行者，商人など裕福で限られた人々であり，背景には外貨獲得が重要な要因の1つとしてあった．庶民はホテルに泊まることはできなかった．

　第二次世界大戦後，1950年代半ばから起きた第一次ホテル建設ブームは，東京オリンピック開催が契機になった．これは大型シティホテル建設の黄金時代ともいわれパレスホテル，ホテルオークラ，東京ヒルトン，東京プリンスホテル，ホテル・ニューオータニ，羽田東急ホテルなど合わせて55館ものホテ

ルが建設された（岡本 1979：109-112）．しかしながら，宿泊客は依然として外国人，政治家と一部の富裕層に限られていた．

第二次ホテル建設ブームは1960年代末からであり，新幹線を利用するビジネスマン用に都心にビジネスホテル，地方では家族用にリゾートホテルが建設されていった．特徴的なことは，ホテル宿泊者が総体的に増加し，ホテルはようやく一般庶民の手に届くようになったことだ．第三次ホテル建設ブームは1985年前後に，他産業からの参入があって経営主体が複合化し，西洋式に慣れた庶民による比較的安価なホテル利用が進んで，ホテルの大衆化が始まった．その一方で，ホリデイ・イン，ハイアット，ヒルトン等の外資系ホテルが日本に進出するようになり，大衆化と高級化の二分化傾向がみられた．

そして再び，東京オリンピック・パラリンピックの開催を控える現在，ホテルは「30年に一度の活況」「ホテル激烈」といわれる（週刊東洋経済 2016）．東京駅近辺では三井ガーデンホテルとハイアットセントリック銀座東京，関西ではフォーシーズンズホテル京都とコンラッド大阪がすでに開業し，JW マリオットホテル奈良が建設中であるといった具合である．

この背景には，日本政府が2008年10月に国土交通省観光庁を設けて外客誘致に力を入れ始め，ビザ発給の緩和措置やLCC（Low-cost carrier，格安航空会社）の日本への就航などによって，訪日外国人旅行客の数が2012年から右肩上がりに上昇を続ける実態がある．

⑷　ホテルの客室

ホテルにおけるシングル，ツイン，トリプルの部屋はベッドの数ではなく，基本的に宿泊人数を表す．例えば，シングルルームは「シングルベッドが1台の部屋に1人で泊まること」を指す．ただし，ベッドはセミダブルベッドタイプもある．ツインルームは「ベッドが2台ある部屋に2人で泊まること」で，英語で「ベッドが2台ある部屋」を確保したいときは，「ツインルーム」と言うだけでは意味があいまいになるので，必ず「Twin-bedded Room／Room with twin beds（ツインベッド仕様の部屋）」と伝えると誤解がない．

ツインはベッドとベッドとの間を大きく離す．しかし「ハリウッドツイン」

の部屋は，最初から2つのベッドをくっ付けた内装になっている．近年は，日本のホテルでもこのハリウッドツインが出始めている．

また，ホテルの部屋は，たいてい，広さ，設備や機器，景観，サービスなどによって，種類が分かれている．それらは，スタンダード，スーペリア，デラックス，エグゼクティブルーム，クラブルーム，ジュニアスイートとスイートである．

3. 旅　　館

日本の布施屋は，寺院や神社に課せられた一種の社会奉仕で，慈善事業的な宿の提供であり，日本の庶民の宿として最も古い[1]（重松 1977：105）．

日本の宿泊産業は，欧米のホテル産業のノウハウを吸収しながら洋式のホテルと，世界にも類をみない畳，障子や襖といった和式の旅館の二極化の形を維持しながら，発展してきた（姜 2013：20）．女将と仲居といった呼び名も同様に独特である．

女将と仲居は，客の出迎えから案内，湯茶のサービスとチェックイン，その後部屋への案内，さらに部屋へ出向いてのあいさつなど細やかな対応をみせる．とりわけ女将は，接客のなかでも宿泊客の様子や滞在中の要望を感じ取り，食事の采配までをこなす総合プロデューサーだという（姜 2013：8-11, 81）．

旅館の中心となる商品は料理，温泉ともてなしであり，特に日本文化を楽しむことができる点で特化しているといえるだろう．

⑴　旅館の変遷

旅館の原点は，奈良時代（710-784年）に，僧侶による布施屋（無料宿泊所）にみられる．平安時代（794-1192年）になると，朝廷の天皇や貴族は南都七大寺巡礼といった社寺参詣や和歌山県にある熊野三山への信仰地に巡礼に出かけるようになった．そのために，寺院内に宿坊が設けられた．鎌倉，室町時代（1192-1573年）には木賃宿ができ，この宿は食事の提供はなく自炊用の薪代金を支払うことで滞在できた．

60　Ⅱ　観光と経営

　日本の観光史と宿泊史において特筆すべきことは，江戸時代（1603-1868 年）の人々の活発な移動である．その理由の１つは逆説的ではあるが，交通機関の未発達にあり，徒歩による旅が一般的であったために身分にかかわりなく誰でも旅が可能だったからだ（新城 1983）．整備された五街道（東海道，中山道，日光道中，甲州道中，奥州道中）と脇街道には宿場町が形成され，大名の参勤交代や，公家や幕府役人など身分の高い旅行者のために本陣，脇本陣といった休泊施設ができた．商人や町人は旅籠を利用した．

　明治時代（1868-1912 年）になると，温泉旅館と湯治旅館が発達して女将が登場し，現在は温泉旅館，観光地旅館，大型旅館がある．

(2)　旅館が抱える問題点

　旅館の数は，1990 年代から客室数ともに減少し続けている．理由の１つは，企業の福利厚生の見直しと会社の慰安旅行といった大人数の団体旅行が減少したことがある．その一方で，宿泊形態が家族旅行や個人旅行へと変化し，宿泊する人数が少なくなるという変化が考えられる．

　ホテルや旅館の客室は，宿泊客の利用がなかったからといって，翌日に在庫として，その客室を持ち越すことができない．ホテルは，営業利益の１つの指標として，客室数や収容定員に対する利用数でとらえる「客室稼働率」がある．ホテルの利益率を考えるとき，毎日，どれだけの客が泊まって，部屋を埋めているのかという，この客室稼働率が大切な指標となる．

　一方で，旅館は「定員稼働率」という．これまで，旅館は一部屋の客室定員を，５名を標準としてきた．ところが，先に述べたように，個人旅行や家族旅行が増えて，定員稼働率が下がり営業利益もそれに伴って下がってきた．その上で，ホテルの種類の多様化，ゲストハウスやカプセル・インといった宿泊客のニーズによって宿泊先が多様化してきて，相対的に旅館の地位が低下し，後継者問題を含む転廃業もみられる．

　さらに旅館は，夕食朝食を含めた一泊二食付宿泊料金が主流であり，客室タイプ，季節や曜日により需要が異なる変動の価格設定となっている．定番化した旅館の一泊二食付きは，特に夕食が部屋に配膳される場合，温かいものは温

かいうちに配膳しなければならず，また厨房から離れていると運ぶ手間もかかり，仲居の労働量も推し測られる．

　これからの旅館運営は，例えば東京の根津にある「澤の屋旅館」が一泊二食付きをやめて，地域の食堂や活動と連携して経営の見直しを図ったように，あるいは東京駅に近い大手町で，和式に特化した高級旅館「星のや旅館」の例にみてとれるように，二極化していくだろう．

4．様々な宿泊施設

(1)　ゲストハウス

　ゲストハウスは簡易宿所に位置づけられ，ゲスト同士，あるいはホストとゲストとの交流を目的としたツーリズムの1つといえる（林・藤原 2015）．

　ゲストハウスには，2500円から3500円程度までの低価格で宿泊できるドミトリーと呼ばれる相部屋があり，宿泊者同士の交流を目的とした共有スペースもあってバーやカフェを併設していることも多く，キッチン・トイレ・シャワーといった水回り設備が他の宿泊者と共用であるという3つの条件を満たす宿である（林・藤原 2015：80）．

　日本におけるゲストハウスは，東京の山谷や大阪の釜ヶ崎の寄せ場の簡易宿泊所が外国人観光客を受け入れる，バックパッカーとして国内外を旅した経験を持つ人々とが自分らしいライフスタイルを追求する中でゲストハウス開業にこぎつける，そして町おこしや地域活性化の役割を担う拠点としてゲストハウスが設立されるという，3つの大きな流れがある（松村 2009）．

(2)　公共宿泊施設

　国や地方自治体が直接，間接に所有，経営，運営する公共宿泊施設は，ドイツで誕生した世界的な旅のネットワークを持つユースホステル（簡易宿所），国民宿舎（旅館），国民休暇村などがある．いずれもレクリエーションの場として健康の増進を図り，誰もが低廉でしかも快適に過ごす宿泊先として利用される．

62　Ⅱ　観光と経営

(3)　カプセル・イン

　本来，業務当直用に開発されたカプセル型ベッドを営業用に転用したもので1泊3000円前後と安いことが特徴で（仲谷・テイラー・中村 2016：17），カプセルという形や狭い空間が珍しがられて，人気の宿泊施設となっている．

(4)　民　　泊

　近年，訪日外国人旅行客の姿は，国際空港や観光地のみならず，私たちがふだん使う公共交通機関やドラッグストアなどで多く目にするようになってきた．もっと言えば，私たちが暮らす住宅地で，夜間に音を立ててスーツケースを引き，民泊を利用する外国人観光客に会うこともある．これは以前には考えられなかった光景である．

　これは，国家戦略特区法に基づく「特区民泊」と，新たに2018年6月15日から始まった住宅宿泊事業法（民泊新法）の施行による．特に民泊新法は，先に述べた宿泊事業の法律と大きく異なって「全国の住宅地での宿泊が可能」になったために，私たちが普段暮らす町に，例えば隣の家に観光者が宿泊をし始めたのだ．ただし，自治体によっては，例えば京都市の場合，家主は10分以内に駆けつけられる位置に居住していることが条件となっており，住宅地における宿泊事業は地域の住民に配慮する必要性から，ある程度の制限が設けられている．

　「特区民泊」は，内閣府と厚生労働省が所管官庁であり，営業にあたっては自治体の認定が必要である．東京都大田区，大阪市や北九州市，新潟市など特区に定められた地域において民泊が許可されている．営業日数は2泊3日以上の滞在であること，消防設備や非常用照明の設置が必要である．民泊新法は国土交通省観光庁と厚生労働省が所管官庁であり，営業にあたっては自治体への届け出が必要で，年間180日以内の営業日数の制限が設けられている．

第 5 章　宿泊事業　　*63*

おわりに

インターネットという通信技術の飛躍的な発展とその利用は，従来のホテルや旅館といった宿泊事業の形に一石を投じてきたといっても過言ではないだろう．そして，観光者が選ぶ旅の形は，これからもますます多様化し，それにつれて彼らの宿泊の形も変化し続けている．

■ **考えてみよう** ■

1. あなたのこれまでの宿泊体験のなかで，一番良い印象の宿泊施設と一番印象が悪かった宿泊施設を，その理由とともに考えてみよう．
2. 日本の旅館の良さを挙げてみよう．そして，日本旅館はこれからどのようなサービスがあれば多くの人に宿泊してもらえるかを考えてみよう．
3. あなた自身がゲストハウスや民泊のオーナーになったとき，どのような宿泊施設を作りたいか，考えてみよう．

■ **注**

1）粟津温泉の「法師」は 718（養老 2）年に開湯されて以来，46 代続く，世界最古の宿といえる〈http://www.ho-shi.co.jp/〉（2018 年 9 月 1 日閲覧）．僧の行基が 741（天平 13）年に山城，摂津，河内，和泉につくった 9 つの布施屋にみることができる．

■ **参考文献** 📖

岡本伸之（1979）『現代ホテル経営の基礎理論』柴田書店．

姜聖淑（2013）『実践から学ぶ女将のもてなし経営』中央経済社．

重松敦雄（1977）『旅と宿——日本の旅館史』国際観光旅館連盟．

新城常三（1983）『新稿社寺参詣の社会経済史的研究』塙書房．

鈴木博・大庭祺一郎（1999）『ホテル経営教本』柴田書店．

寺田直子（2006）『ホテルブランド物語——人材を育てる一流の仕事とは？』角川書店．

東洋経済新聞社（2016）週刊東洋経済，2/6 号．

富田昭二（2012）『ホテル博物誌』青弓社．

64 Ⅱ　観光と経営

仲谷秀一・テイラー雅子・中村光信（2016）『ホテル・ビジネス・ブック第 2 版』中央経済社.

林幸史・藤原武弘（2015）「旅行者が交差する場としてのゲストハウス——交流型ツーリズムの社会心理学的研究」関西学院大学社会学部紀要 120，79-87.

松村嘉久（2009）「大阪国際ゲストハウス地域を創出する試み」神田孝治編『観光の空間——視点とアプローチ』ナカニシヤ出版.

（山 口 隆 子）

第6章 観光交通事業

はじめに

　本章では，観光交通サービスとその供給主体となる事業者について概説する．観光交通サービスは，観光に関連して提供される交通サービスであり，観光客の移動のための旅客輸送と観光に関連して消費される様々な物資の輸送のための貨物輸送とがあるが，ここでは主に旅客輸送に焦点をあてて記述することとする．

　一般に交通サービスは，本来の目的（本源需要）を達成するために利用される移動手段（派生需要）として捉えられる．通勤や通学という日常生活を送るために地域における日常的な交通サービスが必要とされるのと同様に，観光という目的を達成するために地域間の長距離輸送サービスや観光地内における観光施設間を結ぶ地域内輸送サービスが必要とされることとなる．

　上記に加えて，観光交通サービスに関しては移動自体が目的となっている場合や，観光体験とは不可分となっている場合もある．クルージングや豪華旅客列車の旅などがその例である．

　次に，観光交通サービスを提供する事業者について概説していくこととするが，事業者の分類と観光客へ提供されている主な施策について記述することとする．

66   Ⅱ　観光と経営

1．観光交通サービスとその分類

(1)　観光交通サービスの特徴

　観光交通の特徴とは何かを理解するためには，日常交通と比較することが有益であろう．

　日常交通とは，人々が生活を送る上で必要不可欠となる移動サービスである．そのために要求されるのは，日常的に規則的で安定したサービスの提供や不当に高くない適切な運賃設定等である．

　観光交通に要求されるのは，観光客のニーズに沿った形の移動手段をいかに提供するかということであり，必ずしも日常交通のような規則的で安定したサービスの供給が必要とされるわけではなく，運賃設定に関しても低廉である方が望ましいが，観光客が納得するならば相応の運賃が設定される．

(2)　観光交通サービスの分類

　観光交通の分類としては，自宅から観光地および観光地間の長距離移動を担う交通と，観光地内における観光施設間の短距離移動を担う交通とに分類できる．前者の長距離移動をアクセス交通，後者の短距離移動を周遊交通とした場合，様々な観光交通手段がどの役割を担っているのかを確認することで観光交通の概観が理解可能となる．表6-1に簡単にまとめる．

　観光交通事業という観点から，この表には自家用車を含めていない．ただ，

表6-1　観光交通の分類

交通手段	アクセス交通	周遊交通
航空輸送	国際航空輸送，国内航空輸送	
鉄道輸送	新幹線，JR在来線特急・観光特急 私鉄特急（都市間特急，観光特急）	JR在来線，地方私鉄路線 地方公営鉄道（地下鉄，路面電車）
道路輸送	都市間・地域間高速バス	地域内路線バス レンタカー，タクシー
その他	フェリー，高速船	レンタサイクル

　（出所）　各交通事業者によるサービス供給を元に筆者作成．

自家用車の存在が観光地における道路交通流量に大きく影響を及ぼし，違法駐車や道路混雑の原因の1つであることを指摘しておく．

以上の観光交通サービスは，いわゆる派生需要として捉えられるものであるが，本源需要としての交通サービスも存在する．例えば観光船やSLといった観光交通サービスがこれにあたり，観光の目玉となっているものも少なくない．観光客および事業者にとって重要な旅行商品でもある．

(3)　観光交通サービスの供給主体

観光交通サービスの供給主体は，航空輸送，鉄道輸送，道路輸送すべてにおいて民間事業者がその多くを占めている．ただし，大都市における鉄道輸送については公営の地下鉄や路面電車が運行され，地方では旧国鉄やJRから移管された形で第3セクター形態の事業経営がなされている．また，バス輸送についても様々な都市や地域において，地方公共団体による事業経営が行われている．

観光交通サービスの供給主体を区別することの意味は，各事業者がどのような経営目的を持って事業運営されているか，ということと関係する．通常，民間企業は自社（グループ）の利益を最大化することを目的としているが，地方公共団体により交通サービスが提供されている場合には，地域住民の生活を第1に考えたサービス提供が目的であり，観光交通サービスの提供については2次的なものであるかもしれない．ただし，ある程度の観光客が定期的に訪れている観光地では，観光周遊バスなどの運行がなされている．

地方の第3セクターで運営されている鉄道事業者については，地域住民の足としての役割だけでは収益の確保が困難である場合が多く，観光客の誘致に力を入れることで収益性を高めようとしている．

2．観光交通事業

観光交通事業には様々なタイプがある．単純に旅客を目的地に運ぶための輸送サービスや，輸送サービスに何らかの付加価値を付けたサービス，地域と一

68　Ⅱ　観光と経営

体となって開発されたサービスなど，多岐にわたっている．

　ここでは鉄道事業とバス事業を中心に見ていき，その後，観光交通事業についていくつかの施策例について見ていくこととする．

(1)　鉄 道 事 業

　表6-1で見たように，鉄道事業者が提供する旅客輸送サービスには，アクセス交通と周遊交通の両者があるが，それぞれのサービスの提供比率はJR各旅客会社と他の鉄道事業者との間に大きな違いがある．以下，それぞれの事業者について簡単にまとめる．

a．JR各旅客会社

　JR各旅客会社（以下，JRとする）は，本州3社のJR東日本，JR東海，JR西日本とJR北海道，JR四国，JR九州の合計6社に分割民営化されて誕生した．

　JRの観光交通事業者としての役割はまず，アクセス交通手段として遠方の各観光地へ観光客を輸送することであり，このサービスを提供しているのが新幹線および在来線特急である．現在では，時間はかかるものの北海道から九州までJRを利用することで旅行可能である．

　周遊交通手段としてのJRの役割は，隣接する観光地への観光客の輸送であり，首都圏や関西圏などの大都市圏においては路線網が充実しているため，多くの観光客の足として利用されている．ただ，地方圏においては運行本数が限られている場合，周遊交通としてはあまり利用されないこととなる．

b．大手私鉄事業者

　大手私鉄事業者とは，関東9社（東武鉄道，京成電鉄，西武鉄道，京王電鉄，小田急電鉄，東京急行電鉄，京浜急行電鉄，東京地下鉄，相模鉄道），東海1社（名古屋鉄道），近畿5社（近畿日本鉄道，京阪電気鉄道，阪急電鉄，阪神電気鉄道，南海電気鉄道），九州1社（西日本鉄道）の計16社から構成される民営鉄道会社である．いずれも当該地域における通勤通学輸送を中心とした日常輸送サービスを提供しているが，各地域内における観光交通サービスも提供しており，アクセス交通の役割を担っている事業者も多い．

　必ずしも観光交通事業者の役割を中心的に担ってはいないが，運行頻度の高

さと他社との乗り換えを含めたネットワークの充実により，周遊交通手段としての利便性は高いと言える.

c. 地方鉄道事業者

地方鉄道事業者は，JR 各社および大手私鉄 16 社以外の事業者で，民営および公営，第 3 セクター事業者の多くが存在する．多くの事業者は各地域での日常輸送サービスを提供しており，観光交通事業者として位置づけるのは困難であるが，その中でも観光客のための輸送サービスを提供している事業者や観光鉄道事業者も多く存在する．観光鉄道としては黒部峡谷鉄道が有名であり，大井川鉄道の SL 運行も有名である.

近年では，新幹線開業により第 3 セクター化された並行在来線が，収益増加のために観光列車を運行する例がみられ，観光客に人気となっている事業者も存在する．例えば，肥薩おれんじ鉄道の「おれんじ食堂」やしなの鉄道の「ろくもん」などの観光列車は観光客からの人気が高い.

(2) バ ス 事 業

バス事業については，都市間・地域間高速バス輸送が観光地へのアクセス交通の役割を担っており，地域内路線バスが観光地内での周遊交通の役割を担っている．前者については観光交通事業者としての役割が大きく，後者については観光交通事業者というよりも地域における公共交通輸送事業者という役割が大きい．ただ，観光需要が顕著な場合は観光交通サービスも提供している.

a. 都市間・地域間高速バス輸送

都市間・地域間高速バス輸送は，航空輸送や新幹線，特急列車などと比較して運賃面で非常に優位性が高い．以前は安いが時間がかかる上に乗るのが窮屈で疲れる，プライバシーが保護されないといったイメージがあったが，近年では様々な運賃メニューが提供され，2 列 × 2 列であったシートも 3 列独立シートや個室席，のびのびリクライニングシートなど，利用者のニーズに合ったサービスが提供されるようになってきた.

高速バス事業者は，観光交通事業者としての役割が非常に大きくなってきており，運行路線も多岐にわたっている.

b．地域内路線バス輸送

地域内路線バス輸送は，地域住民の足を確保するためのものであるため，観光施設間の移動には適さない場合が多い．ある程度の需要が見込める場合には，観光周遊（ループ）バスが運行され，さらに大きな需要がある場合には定期観光バスが運行される．

また，観光地において特に人気のある観光施設へは，直通バスが運行されることもあり，同時に地域住民の足となっている場合もある．

(3) その他の観光交通事業

上記では一般的な鉄道事業とバス事業が担っている観光交通事業者としての側面について簡単に見てきたが，バスツアー会社が観光交通事業者として古くから存在する代表例であろう．

また，都市観光地ではタクシー会社が貸切の観光タクシーを運行している事例も多くみられ，観光客のニーズに合ったサービスを提供している．

その他，レンタサイクルやレンタルバイク事業者，レンタカー事業者が観光交通の一部を，地域によれば多くのニーズを満たしている．特に，地方の公共交通の空白地域においてはレンタカー事業が観光交通事業として重要な位置づけとされるであろう．

観光地の中には，人力車やベロタクシーなどが商品として運行されており，観光事業として成功している．

3．観光交通事業者としての施策例

ここでは実際の観光交通における施策についていくつか例示する．

(1) 企画乗車券の販売

交通事業者が観光客のニーズを満たす方法として，各観光客のニーズに沿った，便利でお得な乗車券の販売が挙げられる．

例えば，近年の大阪への観光客の増加により注目されている企画乗車券とし

て，「大阪周遊パス」がある．1日2500円で市内の地下鉄とバス，一部私鉄が利用できることに加えて，市内各所の多くの観光施設の入場料がセットになっているものである．

企画乗車券を販売することで，観光客の移動の利便性を向上させ，事業者側の運賃収入の増加がはかれる．さらに，企画乗車券の利用を通して地域における経済効果をもたらすことが期待できる．

a．企画乗車券の位置づけ

① 運賃体系の一形態としての企画乗車券

企画乗車券は特定の区間や範囲において設定されるものであり，運賃体系の一形態として，その機能は費用回収のための手段の1つであり経営の安定化に寄与するものである．

企画乗車券の販売が安定した観光需要の確保や新たなる需要の喚起に寄与するものであるとすると，企画乗車券は本源需要を顕在化させ，増加させる大きな役割を持っていると考えられる．

企画乗車券は割引率が高く設定されている場合が多く，利用者にとっての金銭的なメリットは非常に大きくなっている場合が多い．

② 旅行商品としての企画乗車券

企画乗車券を旅行商品として見た場合，当該旅行商品における利用可能交通手段による移動が，どのくらい旅行の価値に寄与しているのかということが重要な要素の1つとなる．

企画乗車券を利用することで，運賃購入回数にかかる煩雑さはほぼ解消されることとなり，さらに，特定の施設における無料化や割引という付加価値が加えられることで，旅行者側のさらなるメリットが付け加えられることとなる．

また，観光地の観光施設や飲食，宿泊施設等との共同商品開発により，観光地への大きな経済効果が期待されるであろう．

b．企画乗車券の分類

① 広範囲での利用が可能な企画乗車券

このタイプを代表する企画乗車券として，JR各旅客会社で利用できる「青春18切符」がある．また，毎年10月14日の鉄道の日を記念した乗り放題切

符も発売されている.

　広範囲にわたり利用できる企画乗車券は，JR 各社の企画乗車券が中心となっている.

　② 特定の範囲内に利用が限定されている企画乗車券

　このタイプの企画乗車券は，特定の観光地における観光需要の喚起を目的とするものや，人気のある観光地への観光客の入込を促進する目的とするものがある. そのため，特定の観光地における他の交通事業者の交通サービスが利用可能となる場合が多く，観光施設の割引等，特典が付加されている商品となっている.

　このタイプの企画乗車券として，JR 各社が販売している「ぐるりんパス」がある. これは基本的に，出発地と観光地間の輸送と観光地における自由周遊区間の輸送がセットになったもので，観光地へのアクセスは新幹線または在来線特急を利用し，観光地内では JR 在来線と各地における地方鉄道やバスの利用が可能となっている. さらに指定された観光施設の無料または割引利用が可能で，観光客にとっての利便性が非常に大きく，年間を通じて発売されている場合が多い.

　③ 近隣地域内を周遊する際に便利な企画乗車券

　このタイプの企画乗車券は，特定の観光地における移動の利便性を提供するものであり，「1 日乗車券」や地域内での「乗り放題チケット」などがある. 観光地における地域交通事業者ごとで販売されている.

(2)　観光周遊バスの運行

　観光周遊バスは，都市観光地において見られる観光交通施策の1つである. 観光周遊バスサービスは，地方の公営バスの1つの路線として提供されているものと，民間事業者が観光交通事業として提供しているものとがある.

　周遊バスは観光客に特化した運行形態をとっているため，各観光地において人気の高い観光施設を網羅する形で運行されている. 観光客にとっては非常に便利な交通手段であるため，シーズン中には積み残しが出る観光地もある.

　周遊バスの運賃については観光地により多様化しており，通常の路線バスよ

りも安い観光地もあれば高い観光地もある.

　周遊バスの路線バスと比較した場合の優位点は，目的となる観光地間を同じバスを利用して周遊できるということである.

　以下，いくつかの観光周遊バスについて簡単に記述する.

ａ．京都市：循環バス

　このバスは，土曜と休日に運行されているバスで，2000年4月から2001年3月までの試験運行の後，同4月より本格運行が開始されたバスである. 運行時間は11時から17時50分までで，10分間隔で運行されている. 運賃は1乗車100円で，京都市内中心部のみを1方向に循環するバスで，観光客とともに市民の移動の利便性の向上に寄与している.

　このタイプの観光周遊バスと類似したサービスとして，大阪梅田駅周辺を周遊する「UMEGLU」がある.

ｂ．京都・世界遺産回遊バス

　このバスは，「京都まちづくり交通研究所」によって運行されている観光周遊バスで，京都市内の主要観光施設を周遊する形で運行されている. 運行日は土日祝日で，朝8時25分から夕方5時までの時間帯に30分間隔で運行されている. 京都駅を出発して番号順に1周当たり50分かけて周遊する.

　このバスは観光客に特化したものであり，運賃は1日券が2000円，2日券が3000円（子どもはいずれも500円）となっており，非常に高額である. また，ナレーションのレシーバーが英語・中国語・韓国語の3言語が用意されており，500円必要となる. 効率的な周遊に非常に適したものであるが，運賃の高さが際立っている.

　このタイプの観光周遊バスと類似したサービスとして，「大阪ワンダーループ」がある.

ｃ．ぐるっと松江レイクライン

　このバスは，JR松江駅前発で市内中心部の主要観光施設を周回して再びJR松江駅へ戻ってくる観光周遊バスである. 所要時間は1周48分で3月から11月は朝8時40分始発で20分ごとに運行される. 12月から2月については最終が15時10分で運行頻度は30分ごとである. ただし，月によって最終便の

74 II 観光と経営

表6-2 「ぐるっと松江レイクライン」主要停車施設と前停車施設からの所要時間

松江駅（発）	松江城（大手前）	大手前遊覧船乗場	小泉八雲記念館	堀川遊覧船乗場
0分（松江駅から）	10分（10分）	3分（13分）	3分（16分）	1分（17分）
月照寺前	松江しんじ湖温泉駅	カラコロ工房前	宍道湖遊覧船乗場	松江駅（着）
4分（21分）	4分（25分）	7分（32分）	14分（46分）	2分（48分）

（出所）　松江市交通局発行「ぐるっと松江レイクライン Guide Map」より作成.

時間帯が異なっている.

　主要観光施設のうち，運行経路となっている観光施設および松江駅出発後の所要時間は表6-2のとおりである.

　運賃については，1回乗車が大人200円／小人100円，1日乗車券が大人500円／小人250円，2日乗車券が大人1000円／小人500円である.

　「ぐるっと松江レイクライン」は，所要時間や運行頻度，運賃および市内主要観光施設間を周遊していることから，観光客にとっての利便性は以上に高いものである.実際，積み残しや混雑による遅れ等も日中に限り生じてはおらず，乗務員の対応についても丁寧で適切なものであった.

　このタイプの周遊バスは都市観光地で多く運行されている.その中でも鹿児島市では，鹿児島市交通局の「シティビュー」と鹿児島交通の「まち巡りバス」の2つの事業者が運行している.「シティビュー」が運行している3つの路線のうちの1路線が「まち巡りバス」と類似路線となっており，複数事業者の運行という珍しい状態となっている.

おわりに

　本章では，観光交通サービスについて鉄道輸送とバス輸送を中心として概観し，観光交通事業者としてどのようなサービスを提供しているのかを簡単に分類して紹介した.

　また，いくつかの観光交通事業者の施策について，鉄道事業とバス事業との両者について紹介した.

　事業者による施策については，鉄道事業とバス事業についての代表的なもの

第6章　観光交通事業　　*75*

を取り上げたが，観光地により他にも様々な施策が存在する．

■ 考えてみよう ■

1．鉄道による観光地までのアクセスと高速バスによる観光地までのアクセスについて，いくつかの事例を挙げて両者のメリット，デメリットを考えてみよう．
2．企画乗車券の有効活用法を考えてみよう．
3．地方鉄道の観光交通施策について調べてみよう．

■ 参考文献

国土交通省総合政策局（2015）『交通政策白書』国土交通省．

近藤喜代太郎・池田和政（2003）『国鉄乗車券類大辞典』JTB.

白神昌也（2010）「観光地における周遊交通についての概観と公共交通を利用した取り組み」『大阪観光大学紀要第 10 号』107-116.

白神昌也（2015）「松江市における観光交通についての実地調査研究」『観光＆ツーリズム』（大阪観光大学）.

白神昌也（2016）「交通事業者の企画乗車券についての考察」大阪観光大学観光学研究所年報『観光学論集』第 15 号.

（白 神 昌 也）

第7章 航空事業

はじめに

本章では，前世紀から今世紀にわたって急速に発展した航空輸送事業の発展過程について歴史的な観点から現在にいたるまで体系的に理解し，現状における問題点を探る．そのために航空業界についてその概要と基礎概念を習得し未来を展望する力を養う．具体的には，航空会社の基本的な構成要素である航空機，人財，情報についての基礎的な知識と航空行政やそれを取り巻く産業界との関わりを概観し，航空事業についての基本的な理解を深める．

1. 航空の歴史

航空法（第2条第18項）によれば，航空運送事業とは「他人の需要に応じ，航空機を使用して有償で旅客又は貨物を運送する事業」である．その航空機の誕生から現代にいたるまでの流れを見てみよう．

(1) 航空機の発達

1903年に米国のライト兄弟が初の動力飛行に成功して以来，航空機はめざましい発展を遂げた．とりわけ1930年代の技術革新と1949年に誕生したジェット旅客機のその後の進化は特筆すべきものがある．

速さの点では，1976年に就航した英仏共同開発のコンコルドが，マッハ2.04（約2160 km/h）を記録している．約40年後である現代の最新鋭機がボーイング・エアバスともマッハの壁を超えていないのは興味深い．速さを追求す

ることによって失われる席数や燃料を現在の航空会社は望んでいないのである.

量的には, 2005 年初飛行のエアバス A380 が, 世界初の総 2 階建てであり, 最大の旅客機である. すべての座席をエコノミークラスにすれば 840 席になると言われているが, そのコンフィギュレーション（機内配置設定）で運航している航空会社はない. エコノミークラスの座席の他, より広いファーストクラス・ビジネスクラス用の席を設置し, ラウンジなども豪華にすることから, 座席数は 400〜500 である. ボーイング社の技術者の話では, 技術的には 3 階建て, 4 階建ての飛行機を作るのは可能だそうだが, 航空会社のニーズがない, とのことであった.

(2)　民間航空の歴史

民間航空は, 約 100 年に及ぶ歴史を積み重ねており, 航空旅客輸送事業の量的な拡大と質的な進展とともに, 劇的な変化を遂げてきている.

「お客さまから料金をいただいて 2 地点間を空輸する」ことをエアライン業務と定義すれば, 最初の航空会社は飛行機ではなく, 飛行船によるものであった. 1909 年 10 月ドイツ飛行船運輸会社（die Deutsche Luftschiffahrt-Aktiengesellschaft　略称 DELAG）が設立され, 翌年ツェッペリン飛行船がドイツ各都市間の旅客輸送を開始した. 飛行船の客室にはシェフが搭乗し, 乗客は一流レストランと同じ料理を楽しめたという.

1914 年 1 月に, 航空機（飛行艇）による世界初のエアラインが運航を開始した. 米国フロリダ州の「セントピーターズ・タンパ・エアボート・ライン（St. Petersburg-Tampa Airboat Line）」である. 乗客 1 名の機体で運賃が片道 5 ドル. セントピータース・タンパ間の 1 日 4 往復を何とか数カ月運航したが, 商業的に成り立たなかった.

第二次世界大戦の終了間際の 1944 年には, 民間航空の再開を前にして, 国際民間航空会議（通称「シカゴ会議」）が開催され, 1945 年には, 国際航空運送協会（IATA）が再設立された. また 1947 年には, 政府レベルの国際組織として国際民間航空機関（ICAO）が発足するなど, 国際民間航空の発展の基礎が整備され, 民間航空の伸張期に入った.

1937年にイギリスで開発されたジェットエンジンは，戦後，民間航空機の高速化・大型化を飛躍的に進め，現在の航空業界に至っている．

(3) 日本の航空輸送

日本の民間航空の歴史は，第二次世界大戦後の日本航空から語られ始めることが多いが，実は日本の定期民間航空会社の第一号は1922（大正11）年6月に大阪府堺市の大浜海岸に設立された「日本航空輸送研究所」である．同年11月15日にわが国最初の定期便として堺—徳島間を運航した．

戦前の日本の民間航空は発展をとげて，国内線のみならず，大連，上海，台湾などへ向け，国際線網も形作られた．戦時においては民間航空の輸送力が重要で，飛行機の性能の優劣が戦時の勝敗を決することを第一次世界大戦で経験していたからである

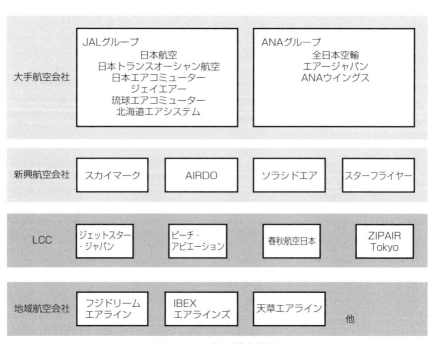

図7-1　日本の航空業界

（出所）筆者作成．

第 7 章　航 空 事 業　　*79*

　1939（昭和 14）年 5 月には国策会社「大日本航空株式会社」が設立され，日本国内外の航空輸送業務のすべてを軍隊主導で独占することとなった．ここに民間の活力で動き始めていた日本の民間航空は完全に姿を消し，軍事と一体化していくのである．

　第二次世界大戦後の日本の民間航空は紆余曲折あったが，発展の結果，2021年現在の日本の航空業界は**図 7-1** のような構成である．

(4)　空　　　港

　2021 年現在，日本には 97 の空港があり，空港の種別は空港法によって以下のように分類されている．

a　拠点空港：次の①〜③に掲げる空港をいう．

①「会社管理空港」とは，以下の株式会社が設置し，及び管理する空港で，成田国際（成田国際空港株式会社が設置・管理）・関西国際（新関西国際空港会社が設置，関西エアポート株式会社が管理）・大阪国際（新関西国際空港会社が設置，関西エアポート株式会社が管理）・中部国際（中部国際空港株式会社が設置・管理）の 4 空港がある．

②「国管理空港」とは，国土交通大臣が設置し，及び管理する空港で，東京国際（羽田），福岡，新千歳，那覇等 19 空港ある．

③「特定地方管理空港」とは，国土交通大臣が設置し，地方公共団体が管理する空港で，旭川・秋田等 5 空港がある．

b　地方管理空港：地方公共団体が設置し，及び管理する空港をいう．
　青森・神戸・岡山・佐賀等の計 54 空港がある．

c　その他の空港：空港法第 2 条で定める空港のうち，「拠点空港」「地方管理空港」及び「公共用ヘリポート」を除く空港をいう．
　国が設置・管理する八尾に加え，地方公共団体が設置する調布・名古屋等が 6 空港あって計 7 空港ある．

d　共用空港：自衛隊や在日米軍の設置する飛行場で，民間と共用する空港をいう．
　自衛隊との共用空港が小松・美保・徳島等の 6 空港．米軍・自衛隊との共用

80　Ⅱ　観光と経営

表 7-1　日本の空港

	空港会社管理	国管理	地方自治体管理
拠点空港（28） （国や空港会社が設置する拠点空港）	成田国際，中部国際，関西国際，大阪国際（伊丹）（計 4 空港）	東京国際（羽田），新千歳，稚内，釧路，函館，仙台，新潟，広島，高松，松山，高知，福岡，北九州，長崎，熊本，大分，宮崎，鹿児島，那覇（計 19 空港）	旭川，帯広，秋田，山形，山口，宇部（計 5 空港）
地方管理空港（54） （地方自治体が設置する重要な空港）			中標津，紋別，女満別，青森，大館能代，花巻，庄内，福島，静岡，富山，能登，福井，松本，神戸，南紀白浜，鳥取，出雲，石見，岡山，佐賀（計 20 空港） 〈離島空港〉 利尻，礼文，奥尻，大島，新島，神津島，三宅島，八丈島，佐渡，隠岐，対馬，小値賀，福江，上五島，壱岐，種子島，屋久島，奄美，喜界，徳之島，沖永良部，与論，粟国，久米島，慶良間，南大東，北大東，伊江島，宮古，下地島，多良間，新石垣，波照間，与那国（計 34 空港）
その他の空港（7） （空港法第 2 条に規定する空港のうち，拠点空港，地方管理空港及び公共用ヘリポートを除く空港）		八尾（計 1 空港）	調布，名古屋，但馬，岡南，大分県央，天草（計 6 空港）
共用空港（8） （自衛隊や在日米軍の設置する飛行場で，民間と共用する空港）		札幌，千歳，三沢，百里，小松，三保，岩国，徳島（計 8 空港）	
計　97	4	28	65

（出所）国土交通省の資料を基に筆者作成.

空港として三沢・岩国の2空港があって計8空港ある.

　成田国際空港は成田国際空港株式会社が，中部国際空港（セントレア）は中部国際空港株式会社がそれぞれ運営しているが，大阪国際空港（伊丹）と関西国際空港は関西エアポート株式会社が一社で運営している．2018年4月1日から，関西エアポート株式会社の100％出資会社である関西エアポート神戸株式会社が，神戸空港の運営を神戸市から引継ぎ事業を開始した．日本の空港は民間の活力を生かした民営化の方向である.

2．エアライン・ビジネス

　日本の航空会社について他業種と比較した場合，特徴的な点を考えてみよう.

(1)　予約と販売

　現在のようなインターネットが普及する以前は，航空便の予約はCRS（Computer Reservation System）の独壇場であった．航空座席の手配に関する様々な業務を電子化処理するコンピューター予約発券システムである．CRSは航空会社と旅行代理店の間を結び，国際線航空券の市場流通をスムーズに進める重要なスキームであり，航空会社にとっては基本的なマーケティング構成要素の中で，必要不可欠な流通チャネルでもある.

　しかしながら，インターネットサービスの急速な進化に伴い，旅客はもはや旅行代理店に行ってCRSで予約し，発券してもらうフローではなく，インターネットで直接購入するフローに転換している．今後ますますインターネットならではの新しいサービスが開発されていくであろう.

(2)　航 空 安 全

　航空会社にとって安全運航は存立基盤であり社会的責務である．事故は経営の根幹を揺るがすことになる最大事象であって，最優先課題とせざるをえない.

　技術革新によるシステムの信頼性向上，自動化の進歩，安全装備の導入などにより，航空機の安全性は時代とともに大きく向上している．まだ，航行援助

施設や滑走路の整備等の環境整備，乗務員の訓練強化，航空交通管制や運航手順の見直し等様々な改善もなされている．

　特に，CRM（Crew Resource Management）訓練は，従来の「ミスをなくす」教育訓練から発想を変え，ミスがあっても事故を起こさない教育訓練をめざしている．「人間はミスをする生き物である」という前提から対策をスタートさせている点が斬新である．

　「ハインリッヒの法則」は 1：29：300 の法則とも呼ばれる．米国の損害保険会社の調査部にいたハインリッヒ氏が労働災害の事例から導き出した比率で，1 つの事故の陰には 29 の軽微な事故があり，さらにその陰には 300 の表面化には至らなかった「ヒヤリハット（ヒヤリとしたり，ハットとする状態）」があると考えられている．日々の仕事の中で経験される小さな事象も見逃さず解決，改善していくことが全体の安全性向上につながる．

(3)　航空貨物輸送

　旅客輸送と比べると貨物輸送には以下のような特徴がある．

a．旅客が通常往復旅行であるのに対し，貨物は普通片道輸送である．

b．旅客便が日中に集中するのに対し，貨物便は比較的夜間に集中する．

c．貨物便の運航経路は旅客便ほど重要ではない．

d．旅客輸送は，通常発地空港で開始され，着地空港で終了するのに対し，貨物輸送は地上輸送との連携が必要である．

e．旅客は目的地到着時などで自ら関係者に情報発信することができるのに対し，貨物は輸送行程の可視化が重要である．

　旅客と比べると貨物は一般の目に触れることが少ないため地味な存在であるが，物流を支える航空貨物輸送は世界経済のグローバル化，ボーダーレス化が進行する現代において，ますます重要性を増している．

3．現代の航空業界

　航空業界を語るときに欠かせない存在にまで成長した LCC とアライアンス

について，見てみよう．

(1) LCC

LCC とは，「Low Cost Carrier（格安航空会社）」のことである．以前は格安航空会社の表現として，「No-frills Airline」や「Budget Airline」などの呼称も使われていたが，日本国内でも LCC との呼び方がほぼ定着した．「格安航空会社」という但し書きもなく，LCC とだけ表記されることも多い．LCC の存在が日本の社会でも認知されたと言ってよいだろう．

LCC の元祖といわれる米国のサウスウエスト航空以来，LCC のビジネスモデルとして，以下のように考えられている．

a　中小型機を中心に使用機種を統一
　　使用する機種をボーイング 737 やエアバス A320 などの小型機に統一している．
b　中短距離中心の多頻度運航
　　長くても 4 時間程度の中短距離路線を中心に多頻度運航を行い，機材と乗員の高稼働を維持している．
c　二次的空港の使用または LCC 専用の安いターミナル使用
　　大手航空会社が乗り入れていない，大都市周辺の混雑していない二次的空港（セカンダリーエアポート）に乗り入れることで，定時性を確保し，多頻度運航を維持し，空港使用料も安く抑える．
d　1 クラス制（エコノミークラスに統一）で機内食や飲料の省略，簡素化あるいは有料販売化
e　ラウンジ，FFP（Frequent Flyer Program，マイレージ），機内誌や新聞などの付帯サービスの省略
f　旅行代理店を通さない直接予約販売
g　競争力ある賃金水準と高い生産性（簡素な間接部門）
　　乗員や CA，地上職員の給与を安く，競争力ある賃金水準に置くほか，間接部門をできるだけスリム化させたり，乗員，CA の高稼働を維持する．

表 7-2　日本の LCC 4 社

会社名	Peach Aviation（株）	ジェットスター・ジャパン（株）	春秋航空日本(株)	（株）ZIPAIR Tokyo
主要株主	・ANA ホールディングス 77.9% ・First Eastern Aviation Holding Limited 7.0% ・産業革新機構 15.1%	・JAL　50.0% ・カンタスグループ　33.3% ・東京センチュリーリース 16.7%	・春秋航空股份有限公司　33.0% 他	・JAL　100%
拠点空港	関西国際空港	成田国際空港	成田国際空港	成田国際空港
運航開始	2012.3.1	2012.7.3	2014.8.1	2000 年 6 月
使用機材	エアバス A320-200 型機	エアバス A320-200 型機	ボーイング 737-800 型機	ボーイング 787-8 型機
事業形態の特徴	ANA の連結子会社	JAL から独立した事業運営	春秋航空のネットワークを活かした事業運営	JAL の 100%子会社

（出所）　各社公表資料により筆者作成.

　米国発祥ともいえる LCC の流れはその後，ヨーロッパ，東南アジアでの新興 LCC の発展を経て，ついに日本にも上陸した．日本初の LCC であるピーチ・アビエーションが運航を始めた 2012 年は「日本 LCC 元年」と呼ばれる．

　2021 年現在日本で認可されている LCC 4 社は**表 7-2** のとおりである．

　なお，JAL が設立を発表した ZIPAIR Tokyo は使用機材がボーイング 787 型機であり，路線もアジアだけでなく，ヨーロッパ，アメリカ方面への就航を目指している．前ページで説明した従来の LCC のビジネスモデルとは異なっており，今後の事業の成否が注目されている．

(2)　アライアンス

　アライアンス（airline alliance）とは，航空会社間の連合組織のことである．同一連合内においては，各種サービスの相互乗り入れなど，旅客の利便性を図

り，集客の向上を目指している．

そもそも航空会社はなぜアライアンス（航空連合）を組み始めたのだろうか？

以下のような理由が挙げられる．

a　地球規模にまで航空市場が拡大し，1社だけではカバーできなくなった．

・機材の発達による長大路線の増加（直行便の増加）

・輸送量の飛躍的な増大（便数の増加）

・大きな路線網を築くとともに，多様な顧客にきめ細かいサービスをする必要性が増大

b　競争が激化し，単独では生き残れない．

2021年現在，世界的な航空連合は3つある．スターアライアンス（Star Alliance），ワンワールド（oneworld），スカイチーム（SkyTeam）である．

表7-3の構成メンバーで「＊」印が付いている航空会社はアライアンス創設時のメンバーである．三大市場である北アメリカ，ヨーロッパ，東南アジアから必ず1社は入っている．

加盟各社の国籍を見ると，各アライアンスの強み，弱みが見えてくる．日本のようにANAと日本航空の2社しか大手航空会社がない国では，スカイチームに日本の航空会社が加盟していないのは弱点である．2010年に日本航空が倒産した際には，スカイチームであるデルタ航空がアライアンスの移動を前提に1000億円以上の資金援助を申し出たことがあった．

一方中国のビッグ3（エアチャイナ，中国東方航空，中国南方航空）は3つに分かれず，エアチャイナ包囲網を作るべく，すでに中国南方航空が加盟していたスカイチームに中国東方航空は加わった．しかし後に（2018年）中国南方航空はスカイチームを脱退した．

他にも，オセアニアにはスカイチームの航空会社がない．アフリカにはワンワールドの航空会社がないなど，様々な発見があって，アライアンスへの関心は尽きることがない．

86   II　観光と経営

表7-3　三大アライアンス

	スターアライアンス	ワンワールド	スカイチーム
設立日	1997年5月14日	1999年2月1日	2000年6月22日
年間旅客数	7億2762万人	5億3500万人	6億7600万人
就航国数	195	170	170
就航空港数	1317	1000	1036

加盟航空会社

	スターアライアンス	ワンワールド	スカイチーム
北アメリカ	＊ユナイテッド航空/＊エア・カナダ（2社）	＊アメリカン航空（1社）	＊デルタ航空/＊アエロメヒコ航空（2社）
ヨーロッパ	＊ルフトハンザ　ドイツ航空/＊スカンジナビア航空/ブリュッセル航空/エーゲ航空/LOTポーランド航空/オーストリア航空/スイス・インターナショナル・エアラインズ/TAPポルトガル航空/クロアチア航空（9社）	＊ブリティッシュ・エアウェイズ/フィンエアー/イベリア航空/S7航空（4社）	＊エールフランス航空/KLMオランダ航空/アエロフロート・ロシア航空/エア・ヨーロッパ/アリタリア－イタリア航空/チェコ航空/タロム航空（7社）
アジア	＊タイ国際航空/ターキッシュ・エアラインズ/シンガポール航空/エアチャイナ/深セン航空/エバー航空/エア　インデイア/全日本空輸/アシアナ航空（9社）	＊キャセイパシフィック航空/日本航空/マレーシア航空/スリランカ航空/カタール航空/ロイヤルヨルダン航空（6社）	＊大韓航空/チャイナエアライン/中国東方航空/厦門航空/ガルーダ・インドネシア航空/ベトナム航空/ミドルイースト航空/サウディア（8社）
オセアニア	ニュージーランド航空（1社）	カンタス航空（1社）	
中南アメリカ	コパ航空/アビアンカ航空（2社）	LATAM（1社）	アルゼンチン航空（1社）
アフリカ	エジプト航空/南アフリカ航空/エチオピア航空（3社）		ケニア航空（1社）
計	26社	13社	19社

（出所）各アライアンス公表資料により筆者作成.

第7章 航空事業 *87*

おわりに——グローバル時代の航空輸送事業

　1903年にライト兄弟が世界で初めて動力飛行機で世界を飛んでからわずか100年あまりの間に，人類は航空を，地球規模での高速移動・高速輸送に十分使える乗り物として，グローバリゼーション時代の主役に進歩させてきた．資源高騰による原油高や地球温暖化に伴う CO_2 排出問題など，航空をとりまく状況はけっして順風満帆ではないが，航空はこれからもグローバル化したわれわれの社会になくてはならない，重要な役割を果たしていくことと思う．特に海外への移動手段としては実質的に航空のみに依存する日本はなおさらだ．

　インバウンド・アウトバウンド両面から広く航空分野の全体像を把握し，航空事業への理解を深めてほしい．

■ 考えてみよう ■
1．日本の空港の民営化について最近の新聞記事を調べてみよう．
2．日本のLCC4社それぞれの特徴をまとめてみよう．
3．三大アライアンスの地域バランスを調べてみよう．

■ 参考文献 📖
稲本恵子編著（2017）『エアライン・ビジネス入門』晃洋書房．
井上泰日子（2019）『最新 航空事業論』第3版，日本評論社．
高橋望・横見宗樹（2016）『エアライン／エアポート・ビジネス入門』第2版，法律文化社．

（中村真典）

第8章 観光施設事業

はじめに

本書の第1章で，観光を構成する要素として「観光者，観光対象，観光媒体」の3つの関係が挙げられている．この観光施設事業の章は，この3つのうちの観光対象と関連している．本章では，まず，観光施設とは何かをその定義と共に問う．その上で，具体的な事例として美術館，水族館やテーマパーク，遊園地などをとおして，観光施設について学ぶ．最後に，2020年東京オリンピック・パラリンピック後の観光施設についても触れる．

1．観光施設とは

筆者は，「施設」の用語を調べた留学生から「それは，英語でいえば facilities のことか」と尋ねられたことがある．確かに，観光施設に含まれる施設という用語は，図書館，病院や美術館などといった，ある目的の下に万人が共有できる施設や建物といった意味においては，この学生の指摘は正しい．

しかしながら，この章で論じる観光施設は，そのハコモノの存在だけでは観光者の欲求を満たすことができない．例えば「観光施設（ハード）の存在に，人的サービス（ヒューマン）と運用（ソフト）を加えることにより」（塹江 2001：225），観光者が代価を支払う価値（商品価値）が観光施設に生じるのだという．

後述のディズニーランドは，広い敷地の園内に多くのアトラクションを持つが，そのハードの施設があるだけでは，これほどの人気を持ち得なかったであろう．そこには，夢の国のキャストの一員となって場内清掃やチケット販売，

アトラクション案内などの業務を担うスタッフがおり，彼らは来場者をゲストと呼んでもてなす人的サービスを提供している．ゲストはディズニーランドに来て，季節毎のイベントや新しく誕生したアトラクションといったソフトを存分に楽しみ，そこに支払う価値（商品価値）を見出すのである．

こうして，観光施設としてのディズニーランドは多くのリピーターを生み，観光者はそのテーマパークに魅せられてリピーターとなっていくともいえるだろう．

そこで，観光施設とは何か，その定義を考えていく．

観光施設は，その観光者が快適に観光するために，飲食や物品販売，宿泊などに対応するサービスが必要とされ，これらサービスを提供する施設のことを指すという（例えば，溝尾 2009：17）．また，安田は観光施設事業を「観光に関連したすべての施設を運営する事業」といい，先の定義と同様に宿泊施設や観光交通を挙げており，さらに清水寺や伊勢神宮，姫路城や兼六園など歴史的に価値のある，伝統的な寺社仏閣も観光対象だと述べている（安田 2015：185）．

約 100 年前に日本で山水ブームが起きて，スキー，登山や海水浴のレクリエーション旅行を楽しむようになった人々にとって（溝尾 2015：88），あるいは私鉄沿線の住宅地開発によって郊外に遊園地ができるようになって（正司 1998），休日に出かける先としての諸施設もまた，サービスを提供する観光施設になっていった．

日本政府の観光施設財団抵当法（昭和四十三年）の第 2 条に「観光施設」の定義がある．これによれば，観光施設とは「観光旅行者の利用に供される施設のうち遊園地，動物園，スキー場その他の遊戯，観賞又は運動のための施設であって政令で定めるもの（その施設が観光旅行者の利用に供される宿泊施設に附帯して設けられている場合にあっては，当該施設及び宿泊施設）」とされる．

つまり，観光施設とは，第 1 章の観光の定義にも沿って「余暇時間に，鑑賞，知識，体験や活動をとおして学び，遊ぶことを目的とする諸施設」といえるだろう．**表 8-1** に，観光対象となる多くの資源を挙げている．

90　Ⅱ　観光と経営

表 8-1　観光施設を考える図式

自然資源 人間の力では創造でき ないもの・天然資源	人文資源Ⅰ 人間の力によって創 造されたもの・有形 と無形がある	＊人文資源Ⅱ	＊観光施設財団抵当法 （昭和 43 年 6 月 3 日法律 第 91 号）」の第 2 条によ る「観光施設」
山岳	史跡	動植物園 水族館	遊園地
高原・湿原・原野	神社・寺院・教会	博物館・美術館	動物園
湖沼	城跡・城郭・宮殿	テーマ公園・テーマ施設	水族館
河川・峡谷	集落・街	温泉	植物園 その他の園地
滝	郷土景観	食	展望施設（索道が設けら れているものに限る.）
海岸・岬	庭園・公園	芸能・興行・イベント	スキー場（索道が設けら れているものに限る.）
岩石・洞窟	橋・塔		アイススケート場（冷凍 設備が設けられているも のに限る.）
動物・植物・自然現象	年中行事		水泳場（水質浄化設備が 設けられているものに限 る.）

（出所）　観光資源の分類（溝尾 2009：21）と国土交通省観光庁の所管法令の「観光施設財団抵当法第 2 条の
　　　観光施設を定める政令（昭和 43 年 11 月 20 日政令第 322 号〈http://elaws.egov.go.jp/search/
　　　elawsSearch/elaws_search/lsg0500/detail?lawId=343CO0000000322&openerCode=1〉（2018 年
　　　8 月 20 日閲覧）より筆者作成.

2．様々な観光施設

(1)　博物館，美術館と水族館

　15 世紀末からポルトガル，スペインなどを中心に始まった大航海時代は，
金銀細工や水晶，真珠や珊瑚，蛇の皮やダチョウの卵，糞石，黒い肌の人々と
いった異文化を発見して，ヨーロッパにもたらした．博物館の始まりは，ヨー
ロッパの王侯貴族が，自らの邸内に競って設けた驚異の部屋や珍品陳列室だと
いわれる（吉田 1999）．ロンドンの大英博物館もまた，1759 年に王室の下賜品
と医師が集めた動植物標本や書籍などを個人の邸内に陳列，公開したことに始

第8章　観光施設事業　*91*

まる．そこには，アフリカの椰子の繊維でできた織布や日本の漆器など 350 を
超える異文化の産物があった（吉田 1999）．

　日本では古代以来のコレクションの例として天皇の遺品である御物を収めた
東大寺の正倉院がある．毎年秋に催される正倉院展は日本全国から多くの人々
が訪れ，奈良公園の紅葉と共に人気がある．上野恩賜公園内にある東京国立博
物館は，日本で最古の博物館であり，その前身は文部省博物館で 1872（明治
5）年に開館した．同じ公園内に，日本で最初の上野動物園がある．現在もパ
ンダが話題になっており，小さい子どもから大人まで多くの人々が訪れる．こ
の公園には世界遺産に指定された国立西洋美術館，国立科学博物館，上野噴水
公園広場，西郷隆盛の像や正岡子規記念球場まであって，休日に限らず普段か
ら多くの人々が訪れて，絵画を観たり遊んだりして賑わっている．

　日本に美術館は多いが，とりわけ，島根県安来市にある足立美術館は，日本
人のみならず多くの訪日外国人旅行客を集める．それは，フランスの旅行ガイ
ドブック『ミシュラン・グリーンガイド・ジャポン』において「わざわざ旅行
する価値がある」三つ星の評価を受け，アメリカの日本庭園専門誌『ジャーナ
ル・オブ・ジャパニーズ・ガーデニング』でも 2018 年 3 月の時点で 15 年連続
日本一の評価を受けているからだ．

　足立美術館は，館内に所蔵される多くの絵画のみならず，館外，つまり美術
館を囲む周りの山々が買い取られて，手入れの行き届いた日本庭園も観光者の
鑑賞対象となっている．

　それらの中で，特に観光者を惹き付けていた絵画がある．それは「本物の絵
画」というキャプション付きで，窓枠を額縁に見立てるものの仕切のガラスは
なく，実際の庭が絵画として臨める仕組みである．創設者足立全康の「庭園も
また一幅の絵画である」という言葉にみてとれるように，自然は，何にも増し
て本物の美しさをみせるということだろう．

　対して，徳島県鳴門市にある大塚国際美術館が所蔵する西洋名画は 1000 点
以上に及ぶ．ただし，これらはオリジナル作品ではなく，陶器の板に原寸で焼
き付けた陶版複製画である．もちろん，原作者やその家族，あるいはオリジナ
ルを所蔵する美術館などから複製の許諾を得ている．この陶版複製画の特徴は，

原画とは違い，風水害や火災などの災害や光による色彩の退行に非常に強いということだ．つまり，今後，約 2000 年にわたってそのままの色と形で残る．さらに，これらの絵画は写真撮影や直接，手を触れることができ，一部の作品は自然光がさす屋外に展示もされる．

　今では当たり前となった動物園における「行動展示」は，日本の動物園では最北の地・北海道にある旭川市立旭山動物園が最初だった．そのきっかけは，飼育員たちが動物の野生に注目し，例えば「カバの素顔」や「ゴリラの担当，胸をたたくドラミングは仲間への合図・砂を丸めて投げるのはストレス発散」といった動物の行動を解き明かしたことによる[4]．さらに動物の生態がよく分かるように，ガラスより軟らかく水圧に耐える強度を持つアクリルガラスの技術を用いて，ペンギンが泳ぐ姿をみせた．こうして多くの集客に結びつけ，かつて閉園の危機にあった旭川市立旭山動物園はよみがえった．今では旅行会社がツアーを組むほどの人気がある．また，天王寺動物園では夏の夕方から夜にかけて Night Zoo として，涼みながら動物の生態が見られる．

　アクリルガラスの技術は，江の島水族館（開館 1954 年）や神戸市立須磨水族館（同 1957 年）といった，これまで海辺の近くにあった水族館を都心のビルのなかに作ることを可能にした．

　1978 年に，ビルの 10 階と 11 階に完成したサンシャイン水族館は，みせる工夫とともに地の利を活かして多くの観客を迎えている．その後も，東京スカイツリー下にあるすみだ水族館，京都水族館，そして 2015 年 11 月には大阪府吹田市の千里万博公園のニフレルのなかにも水族館ができた．

⑵　テーマパーク（theme park）

　日本では，テーマパークという用語は 1983 年に開業した「東京ディズニーランドで用いられるようになってから一般化し」（安田 2015：186），1993 年に通産省（現在の経済産業省）による「特定サービス産業実態調査」のなかで「一定のテーマ（外国，歴史，自然など）のもとに，遊戯施設の有無にかかわらず，全体の環境づくり，ショーやイベントなどのソフトを組み込んで，空間全体を演出している娯楽を提供する施設づくりがなされている遊園地，レジャー施

設」と定義された (塹江 2006：234)．

1998 年発行の広辞苑第五版で，初めて用語として取り上げられ，テーマパークは「和製語」で「催し物や展示物をある主題のもとに統一して構成した遊園地」とある (新村編 2008：1911)．

テーマパークの原則として，能登路は「あるテーマに沿って，建築様式，造園，娯楽の内容，登場人物からレストランのメニュー，販売する商品，従業員の制服，ゴミ箱の形や色彩に至るまで，すべての要素がバランスよく助け合い，調和のとれたひとつの世界を作り出すという考え方」と挙げる (能登路 1990：42)．

a．ディズニーランド（Disney Land）

アメリカ人のウォルト・ディズニー (1901-1966) は，デンマークの首都コペンハーゲンに建てられた遊園地のチボリガーデン (Tivoli Gardens) を参考にして，ディズニーランドを計画したといわれる．フリーウエイ（高速道路）の開通と後背地に多くの人口を抱えることから，ディズニーランドはロサンゼルスの郊外アナハイムに建設された．

1955 年 7 月 17 日の開園式で，ウォルト・ディズニーはディズニーランドを「地上で一番幸せな場所」だと述べ，22 台のテレビカメラがその模様を全米に向けて生中継したほど注目を集めた (能登路 1990：30)．

1983 年 4 月 15 日，アメリカ以外では初めてのディズニーランドが千葉県浦安市に登場した[5]．同じ年に「長崎オランダ村」(1992 年にハウステンボスとして佐世保市で再開発)，それ以降「日光江戸村」(1986 年)，「倉敷チボリ公園」(1989年：ただし 2009 年 1 月に閉園)，「レオマワールド」(1991 年：現在は New レオマワールド)，「スペースワールド」(2017 年 12 月閉園) などが相次いで日本で誕生した．着ぐるみのキャラクターが園内を歩き回り，絶叫系の大型アトラクションを持つテーマパークが多く誕生した．

これら多くのテーマパークが開園した背景に，当時の日本のバブル経済がある．また，ディズニーランドがもつ非日常を生む劇場性も重要だ (例えば能登路 1990；遠藤 2015)．ディズニーランドの駐車場に付されたキャラクターの名前は入場前のワクワク感を誘い，園内に一歩足を踏み入れれば，盛り土がされ木が

植わっていて，周りの道路や鉄道，住宅などが見えない非日常の世界が目の前に広がる．建物のしかけとして，ワールドバザールエリアは遠近法の錯覚によって実際よりも通りを長くみせるように，エリアのなかに入っていけばいくほどに建物が小さくなるように工夫されている．そして「シンデレラ城」が必ず通りの真正面に見えるように配置され，それを目指してここでも遠近法の錯覚が用いられて長く見える通りを歩きながら，訪問者たちは少しずつ日常の世界を離脱してファンタジーの世界へ没入していくのだ（遠藤 2015：13）．

テーマパークの開業後の鍵は，この大型レジャー施設に，いかに継続的に多数のリピーターを誘致できるかであろう．ウォルト・ディズニーは，ディズニーランドを「永遠に完成することのないもの，つねに発展させ，プラスアルファを加えつづけていけるもの，要するに生き物」だと取材記者に語っている（能登路 1990：48）．これは，次から次へと多大な投資を行って，新しいアミューズメントの施設を作り続けていくテーマパークのありようを示す興味深い発言である．

実際に，1955 年 7 月の開業当時，ディズニーランドのアトラクション数は 22 だったが，開園 10 年目の 1965 年の夏には 47 と倍以上に増えており，投資額も 1700 万ドルから 4800 万ドルと 3 倍近くに跳ね上がっていることにもみてとれる（能登路 1990：124）．

現在でも，東京ディズニーランドは言うに及ばず，ハウステンボスや USJ といったテーマパークは，毎年，新しい施設の建設や新たなイベントの企画を計画し続けており，その投資額も多い．テーマパークの入場料金は 7000 円台が多いが，それはこれら投資額の高さも一因であろう．

ｂ．ユニバーサルスタジオジャパン（Universal Studio Japan―USJ）

2001 年に大阪市と米ユニバーサル，地元の大企業などによる第三セクターで始まり，初年度に 1102 万人を迎えるものの，翌年から不祥事が続出し，完全民営の企業として再出発する．

2015 年 2 月は入場者数が過去最高となる（経済雑誌 PRESIDENT 2015 年 3 月 30 日号）．これは，4 年ほど前からマーケティングを強化し，人気のアニメや漫画のイベントなど，ハリウッド映画にこだわらない企画で顧客層を広げてきた

第8章　観光施設事業　　95

ことが大きい要因だという．さらに 2014 年 7 月には「ハリー・ポッター」の
新エリアをオープンし，国内外からの集客増につなげた．

　こうした一連の企画を手がけたのが 2010 年に入社した一執行役員によるア
イデアだという．ここでも同様に，テーマパークに特有の新規のアトラクショ
ンの開発と，映画に限らないキャラクターの活用がみられる．

(3)　私鉄沿線の遊園地——テーマパークとの比較

　日本の都市交通は，社会的地位や収入とあまり関係なく誰もが鉄道を利用し，
人々の生活に鉄道が深く入り込んでいる点から，「世界的に見てもユニーク」
だという（黒田 2016：10）．その鉄道の中でも，とりわけ私鉄の経営戦略はユ
ニークであろう．というのも，これまでに多くの遊園地が私鉄沿線に誕生してい
るからだ．休日に家族で，弁当を持って日帰りで出かける先に遊園地があった．

　関東では，渋沢栄一が創設したのちの東急電鉄は，理想的な住宅地「田園都
市」として，1922 年から洗足田園都市の分譲を開始した．関西では小林一三
による箕面有馬電気軌道，現在の阪急電鉄による池田をはじめとする住宅地開
発が顕著であろう．今では当たり前となった駅の自動改札，動く歩道・ムービ
ングウオークや世界初となる電鉄系百貨店がターミナル駅に開業したのは，現
在の阪急電鉄によることは記憶されてよいだろう．

　明治後期から大正期を通じて，農村部の第一次産業従事者が就業機会を求め
て都市部へ移動し，都市に人口が集中し始めた．そして，産業構造の転換によ
り，企業に勤めるサラリーマン，弁護士や医者などの高学歴を有する中間階層
者が出現し，やがて，空気のきれいな郊外へ引っ越して一戸建てで子育てを始
める（正司 1998）．

　表 8-2 を見てほしい．関西圏における私鉄の一部を表にしたものである．こ
の表からは，私鉄沿線の宅地開発が行われ，子どものために遊園地が，そして
父親の楽しみのために野球場が作られていたことが分かる．その遊園地は，
2000 年以降に次々と閉園されたが，狭山遊園，生駒山上遊園地とひらかたパ
ークの 3 つは，現在も営業を続け，多くの家族連れなどに利用されている．

　とりわけ，生駒山上遊園地は入園料の設定自体がなく，乗り物の代金を支払

96　Ⅱ　観光と経営

表 8-2　私鉄沿線と郊外住宅地，諸施設

電鉄名	宅地開発	遊園地	現　在 ○は存続，×は閉園
阪急電車	池田 (1910 年)	宝塚歌劇団 宝塚ファミリーランド 阪急ブレーブス 西宮球場	○ ×2003 年宝塚ガーデンフィールズへ 2013 年閉園 ○阪急ガーデンズ
南海電車	初芝 (1935 年) 狭山 (1967 年)	みさき公園 さやま遊園 南海ホークス 大阪球場 (難波)	○ × ○難波パークス
近鉄電車	学園前 (1950 年)	あやめ池遊園地 奈良ドリームランド 生駒山上遊園地 近鉄バッファローズ 藤井寺球場	×2004 年閉園 ×閉園 ○ ×
阪神電車	(1909 年)	阪神パーク 阪神タイガース 甲子園球場	× 2003 年閉園 ○ ○
京阪電車	香里園 (1911 年) 枚方 (1927 年) 樟葉 (1968 年)	ひらかたパーク	○

（出所）　正司 (1998) を元に筆者作成.

えばよい．弁当を持ち込んで，親子が広場で遊ぶ姿もみられる．かつては大型
の遊戯施設もあったが，現在は元よりあった飛行船など小さな子どもたちが楽
しめる遊具を中心に揃えている．つまり，テーマパークと比べて規模も設備も
小さく，入園料も安くて，休日に家族連れ，友人同士で訪れて1日を過ごす，
このような遊園地があってもよいだろう．

3．観光対象の多様化

　ところで，現在の訪日外国人旅行客は日本のどこを訪れて，何に関心を向け
ているのだろう．ある民間放送局が，離日する彼らにインタビューを行ったテ
レビ番組を取り上げて，考えてみたい[6)]．

この番組によれば、「観光スポット」の第1位は富士山であり、続いて伏見稲荷大社の千本鳥居、奈良公園の鹿、東京スカイツリーと続く。

　富士山は、1930年代に鉄道省外局国際観光局が欧米の観光客に向けたキャンペーンのなかで、FUJIYAMA—GEISHA—SAKURA（富士山—芸者—桜）と取り上げられて以降、日本のイメージとして形成され、定着していった。それから80年近くを経ても、富士山のみならず、芸者（あるいは舞妓）や桜までもが観光対象先であることがわかる。

　おもしろいことに、「動物カフェ」が癒しのスポットとして挙がる。従来からの猫や犬のみならず、ハリネズミやカピバラなどが対象となっている。動物愛護の観点からすれば、日本以外の国や地域では、このようなカフェ自体が想定されず、それゆえに人気を呼んでいるのであろう。次に「渋谷スクランブル交差点」でのぶつからないで歩く人々（強調筆者）までもが、みる対象として観光者の興味を惹いている。「合羽橋にある道具街の包丁、嵐山の竹林や高野山」、さらに応援方法が自国のルールとは異なり、鳴り物などを用いて面白いと口コミで広がる「プロ野球観戦」まである。

　「文化・サービス」として、ホテルや旅館の接客（おもてなし）に感動し、電車の運行時間の正確さに驚き、洗浄機能が多様なトイレ、自転車のシェア、自動販売機と温泉の快適さもある。「食」では、日本観光の定番ともいえる寿司体験が上位にあって、ラーメン、お好み焼き、日本酒、カレー、焼き鳥、三角包装のコンビニのおにぎり、餃子店は具体的に京都の店名まで挙げられる。

　このように、観光者の興味や対象は単に日本の伝統的な建物や技術、歴史的な寺社仏閣ばかりではなく、日本人の生活に根差したものに向けられていることが分かる。

おわりに

　2018年7月、日本ではカジノを含む統合型リゾート（Integrated Resort, IR）実施法が参院本会議で成立した。日本政府は2020年代前半に、IRの開業を視野に入れた準備作業に入るという。これは日本で初めての「民設民営」賭博であ

り，2020年開催の東京オリンピック・パラリンピック後の景気低迷回復の狙いがあるという．そして，2025年に大阪での万国博覧会開催も決定した．これらは世界中からの集客が見込めるという意味においては，今後の大きな観光施設となるだろう．

2018年10月1日から始まったNHKの連続テレビ小説99作目の「まんぷく」は，インスタントラーメンを発明した安藤百福の妻に焦点を当てたドラマである．大阪府池田市にある「安藤百福発明記念館（カップヌードル ミュージアム）」も注目されて賑わうことと思われる．

■ 考えてみよう ■

1．これまでに訪れて印象的だった観光施設を1つ取り上げて，歴史的経緯や地域との関わりなどを調べてみよう．
2．近くにある遊園地が作られた背景と，私鉄沿線の野球球団や百貨店などにも関心を拡大して，調べてみよう．
3．テーマパークに新しいアトラクションを作るとしたら，あなたならばどのようなアイデアを出すか提案してみよう．

■ 注

1）東京国立博物館ホームページ〈https://www.tnm.jp/modules/r_free_page/index.php?id=143〉（2018年8月25日閲覧）．
2）足立美術館ホームページ〈https://www.adachi-museum.or.jp/en/archives/news/6232〉（2018年8月1日閲覧）．
3）大塚国際美術館ホームページ〈http://o-museum.or.jp/〉（2018年7月30日閲覧）．
4）NHKエンタープライズによるDVD「プロジェクトX旭山動物園 ペンギン跳ぶ〜閉園からの復活〜」2006年による．
5）その後，1992年にユーロディズニーをフランスに（1994年ディズニーランド・パリに改称），2001年に東京ディズニーランドの隣にディズニー・シー，2005年に香港ディズニーランド・リゾート，2016年に上海ディズニーランドが作られた．
6）テレビ朝日系列TV「世界が驚いたニッポン！ スゴ〜イデスネ！！──「日本のココに満足」」．2017年12月16日放映．2017年10月から12月に成田，関空，千歳空

港の 3 国際空港で外国人観光客に調査.

■ 参考文献

遠藤英樹 (2015)「東京ディズニーリゾートの想像力」遠藤英樹・松本健太郎編著『空間とメディア』ナカニシヤ出版.

黒田一樹 (2016)『すごいぞ！ 私鉄王国・関西』140B.

正司健一 (1998)「大手私鉄の多角化戦略に関する若干の考察――その現状と評価」『国民経済雑誌』（神戸大学経済経営学会）177(2)：49-63.

新村出編 (2008)『広辞苑第六版』岩波書店.

能登路雅子 (1990)『ディズニーランドという聖地』岩波書店.

塹江隆 (2006)『観光と観光産業の現状〈改訂版〉』文化書房博文社.

溝尾良隆 (2009)「観光資源と観光地の定義」溝尾良隆編著『観光学の基礎』原書房.

安田亘宏 (2015)『観光サービス論――観光を初めて学ぶ人の 14 章』古今書院.

吉田憲司 (1999)『文化の「発見」――驚異の部屋からヴァーチャル・ミュージアムまで』岩波書店.

（山口隆子）

Ⅲ　観光と社会

第9章 観光と文化

はじめに

　19世紀後半以降，観光（ツーリズム）は1つの産業として徐々に成長してきた．特に20世紀の後半になると飛躍的に発展し，先進国のみならず，発展途上国をも席巻する大きな社会現象となった．国連世界観光機関（UNWTO）によると，2018年には年間14億人を超えた人々が一時的な余暇を海外で過ごしており，また日本国内においては年間延べ6億人以上が日々の生活環境を離れて国内旅行を行っているという．

　なぜこれほど大勢の人々が観光という行為に惹きつけられているのか．理由の1つは，自らの生活圏とは異なる歴史や景観や生活習慣といった様々な文化に関心を示しているからである．実際，今日の観光事業において，文化は，大事な観光資源として着目され，積極的に活用されている．日本や世界の各地で，食・アート・舞踊・建築物等々が魅力的な観光資源として，戦略的に集客に用いられている例は枚挙にいとまがない．

　観光の中に組み込まれ，それによって新たな形を与えられるようになった文化を，ここでは「観光文化」と呼ぶことにする．後述するように，文化は確固たる「何ものか」としてあるのではなく，つねに選択，更新，修正，創造などの過程として存在するものである．観光文化においては，特に文化のこのような動態的性質を顕著に見て取ることができる．観光資源として文化が活用されるとき，文化は様々に選択され，操作され，新しい文化として育て上げられていくのである．本章では，観光と文化との関わり，文化のとらえ方，文化の観光商品化，観光文化について考える際のいくつかの論点について，概観する．

1. 観光と文化

(1) 観光の時代

　人間の生活の歴史は，人やモノの移動に伴って生じる交流によって動かされてきた．古代や中世においては，より良い生活環境を求めての移住，生活物資を獲得するための交易活動，領土拡大のための軍事行動，信仰実践としての巡礼行為といったものが，人の移動の中心であった．大航海時代には，移動の地域がさらに広がり，グローバルな交流が可能となった．いち早く産業革命を成し遂げたイギリスなどでは，貴族の子弟たちがヨーロッパ大陸での長期的な教養旅行を経験することによって様々な能力や知識を身につけ，そのことがその後のイギリスの繁栄に少なからず貢献した．

　19世紀になると，移動と交流の規模が画期的に拡大する．産業革命とともに発達した鉄道や船舶の技術力に支えられた交通の革新が，安全かつ安価な長距離移動を可能にし，人やモノの移動がより容易に，そして活発になった．また移動先における宿泊施設が整備されたり，移動の手配を行う旅行業社が出現したりすることによって，人々は，かつて未知の土地に出かける際について回った危険や苦労からも免れるようになった．このとき，移動を単に余暇として楽しむ人々，すなわち観光者（ツーリスト）が誕生した．

　観光者は，日々生活している環境から離れた場所に出かけ再び戻ってくるまでの間，様々に行動し，多様な楽しみを見出している．しかし行為の多様性の下で彼らに共通しているのは，異なる環境で日常とは異なる経験をしているという点である．その意味で観光者は皆，異文化との出会いや異文化との交流を経験していると見なすことができる．20世紀の半ばに入ると，この異文化と交流をする人々の数が爆発的に拡大していく．観光は，それまでのような特別の階級や一部の富裕層に限られたものではなくなり，まずは先進国，引き続いて発展途上国において，一般大衆の間にも普及していった．いわゆるマスツーリズムの時代が始まったのである．

　観光の発達は，交通事業，ホテル，旅行代理店，飲食店，土産物といった幅

広い産業を成長させ，世界経済を循環させる上での重要な動因となっている．とりわけマスツーリズムの時代以降，観光は産業として急速に成長し，現在世界の全 GDP の 10％を創出するとともに，世界の労働人口の 11 人に 1 人を雇用している．観光は，まさに 21 世紀最大の産業として期待されている．

　観光の持つこのような経済効果に注目して，国や地域の基幹産業として戦略的に観光振興を図っていこうとする政策が多くのところで推進されている．日本が掲げる「観光立国」政策もそのようなものの 1 つである．しかしここで注意しておかなければならないのは，観光による国や地域の再生や活性化は，経済的な効果が得られるだけでなく，もっと大きなものを生み出す力を有しているという点である．それはつまり，観光という媒体を通して，異なる文化同士が出会い，人やモノが活発に交流することで，新たな文化の創出が期待されることである．

(2)　動態としての文化

　文化が観光の中に組み込まれ，選択や修正を経て新たに創造されるとは，いったいどのようなことなのだろうか．それを理解するためには，まずそもそも文化とはどのような性質のものであるかについて，知らなければならない．かつて「文化」とは，ある地域に大昔から変わらずに存在するようなものとして考えられてきた．例えば日本文化，中国文化，アメリカ文化など国ごとに存在するものとして，あるいは京料理や江戸っ子気質のような各地域に「固有の」ものとして，理解されてきた．しばしば用いられる「古き良き伝統」や「日本人らしさ」などの言葉も，固有の文化の存在を前提にした表現である．このような文化の捉え方は，一般の人々の間に広く共有されているという意味で，常識的な文化観と呼ぶことができる．

　しかし，近年の文化に関する様々な研究は，このような文化の見方が，大きく偏ったものであり，現実の文化の姿を正しく捉えるものではないことをあきらかにしてきた．その中でも特に大きな影響を与えたのが，イギリスの歴史学者 E. ホブズボウムらの「伝統の創造」論である（Hobsbawm and Ranger 1983）．ホブズボウムらの研究は，あたかも古くから受け継がれてきたように思われて

いる伝統の多くが，実はそれほど遠くない時代に創り出されたものであること
をあきらかにした．例えばスコットランドの伝統文化とされるキルトスカート
は，実は18世紀にあるイングランド人によって考案されたものであった．ホ
ブズボウムらの議論では「伝統」という語が用いられているが，彼らの指摘は，
伝統と重なるところが多い「文化」についても当てはまるものである．これ以
降，その時々の政治的・経済的な社会状況の中で，選択，修正，創造されると
いう文化が有する特質がより大きく注目されるようになった．また文化を研究
する方向も，文化を1つの固定したものとして描いたり解釈したりすることか
ら，その文化を作り出している様々な社会的な状況や力を解明するようになっ
ていった．

　文化は様々な力によって創造されるものであるという，動態としての文化と
いう視点に立つと，現在の観光をめぐる諸現象もより深く理解することができ
る．観光とは，異質な人やモノが交流することでつねに新しい文化が生みださ
れるような場であり，逆に新しい文化を意図的に用いることで，異質な人やモ
ノを呼び込むことが可能となる．観光と文化について考えるとき，その底流を
なすこのような文化の動態を念頭に置いておくことが必要である．

(3)　観光資源としての文化

　人々が余暇を楽しむためにわざわざある観光地に出かけていくのは，そこに
観光者を引き付けるなんなかの魅力的な観光対象が存在するからである．物見
遊山的な周遊型団体旅行が観光形態の中心的であった時代には，景勝地や名勝
史跡のような自然資源や文化資源が，観光対象として観光者を満足させてきた．
例えば，日本を訪れる外国人観光者は，一方では富士山，桜，紅葉，温泉，北
海道の広大で豊かな風景，瀬戸内海の美しい島々等の自然そのもの，他方では
清水寺・金閣寺・銀閣寺・東大寺などの神社仏閣，国宝のような歴史的文化財，
日本の三大祭や歌舞伎などの伝統芸能，東京タワーのような建築物，京都や鎌
倉の町並みといったような文化的なものに魅せられてきたのであった．当然な
がら，現在でもこれらのものは観光資源として大きな集客力を持っていること
は間違いない．

しかし，今は世界中で観光の大競争の時代に入ったといえる．各国が観光振興に力を入れるようになり，各地で観光者を誘致するための戦略的な取り組みが展開されるようになっている中，その競争に勝ち抜くためには，文化の動態的側面を考慮した新しい観光資源を考案する必要がある．リピーターの増加ということを考えても，たんに自然や文化を見るだけの観光は，やがては成り立たなくなるであろう．

近年の外国人観光者が来日前に期待することとして，「日本食を食べること」「繁華街のまち歩き」「ショッピング」などが上位に並んでいるという．つまり，体験型の観光を求めているのである．ひと言で言えば体験型の観光への希求ということになる．それを現実の形に押し込んでいくためには，地元の人々が一方向的に文化を見せるだけでは決して通用しない．大事なのは，それを観光者向けに「加工」し，同時に観光者もステイクホルダーとして文化創造に積極的に参与するような手法を考え出していくことである．地元のホスト，観光者であるゲスト，観光事業者として両者をつなぐ媒介者の三者が，能動的にかかわりながら，新しい観光文化を創り上げていくこと自体が，観光資源として外の人々を呼び込み，地域を活性化させる原動力となるはずである．

2．文化を観光する

(1) 文化の観光商品化

自然や文化を観光資源として見いだし，観光者を誘致するための魅力的な観光対象に仕上げていくことは，観光事業者側にとっては，それを1つの観光商品として開発，製造，販売する過程である．観光者の立場からみると，その商品を購入して消費するということになる．

観光商品全般でみると，文化的な要素は必ず存在している．たとえ絶景見物のような自然を売りものにしている場合であっても，多くの場合多様な文化的要素を組み込んでいる．例えば中国の世界自然遺産である九寨溝では，湖の幻の色彩が世界中の観光者を魅了しているが，同時に同地に暮らす少数民族の信仰や舞踊，食などがトータルで観光商品としての九寨溝の魅力を高める大事な

要素となっている．体験型の観光が求められている時代において，観光者の興味やニーズという点では，文化がより大きな要素になっていく傾向がある．

　文化が主たる観光商品として用いられる観光の形態，つまり文化観光には，エスニックツーリズム（Ethnic Tourism）やカルチュラルツーリズム（Cultural Tourism）と呼ばれるものがある．前者は，少数民族やその暮らし，風俗習慣，芸能などを対象にしているが，いわゆるオリエンタリズムの視線を意識的あるいは無意識的に用いることで，観光者側の社会や民族とはまるっきり異なる「エキゾチック」な体験が主な観光商品として売買されている．後者は，博物館や美術館めぐり，あるいは近年の和食やアニメなどを対象とする日本の「クールジャパン」観光などを挙げることができるが，そこでは文化の一部分が観光事業者，観光者双方の関心と利益にあうように編集，加工され，提供されている．

　ここで，観光商品として用いられる文化について，2つの側面から整理する．1つ目は，文化が観光商品へと加工されていく2種類の手法とその代表的なものである．まず，地域の歴史や人々の現在の生活の中に存在する諸々の事象が文化として商品化されるパターンがある．歴史的な建築物，歴史上の重要な出来事の舞台，伝統芸能，地域の特産品や独特な調理法などに由来する食の様式などがそれにあたる．これらの個々の要素が文化として，観光商品という形にデザインされていく．それからもう1つのパターンは，観光資源となるような文化自体が新たに創り上げられ，それが観光商品へと加工されるような形である．ディズニーランドに代表されるテーマパークはその典型的な事例である．あるいは，新潟県妻有の大地の芸術祭や瀬戸内国際芸術祭のような現代アートを用いて地域を観光対象化する手法も，観光商品としての文化が新たに創造された例である．もちろん，実際の観光商品は，これら2つのパターンが混合されている場合が多い．

　2つ目は，文化をもとに観光商品が形作られていく，加工の過程についてである．例えば「日本の食」として売り出されている多くの観光商品は，京料理（なかでも懐石料理），刺身，寿司，そばなどを味わい，出汁や調味料の歴史や作り方について学び，寿司作りを実際に体験するというような内容から成ってい

る．しかしそこで文化として提供される「日本の食」は，「日本食」というなんらかの実体をもとにしたものではない．正確に述べれば，実体はともかくとして「日本食」と想定されるものからいくつかの構成要素が選択され，切り取られ，「日本食」として新たに形を与えられることで，日本らしい食文化として観光者に提供されているのである．文化の観光商品化を理解するためには，このような過程とそのメカニズムに注目する必要がある．

(2) 観光商品のイメージ

　文化の観光商品化はただモノのレベルだけで行われるわけではない．文化という「曖昧な」存在が扱われるがゆえに，それをもとにした観光商品には様々なイメージがつけられている．

　観光商品を提供する側は，見せたいイメージに即した形での商品を開発する．そのイメージは，観光案内書やガイドブック，映画やテレビ，さらにはインターネットといった観光メディアを介して，消費者としての観光者に伝えられる．そして観光者はそのようなイメージを抱いたままイメージ通りの観光商品を消費するのである．イメージの制作，流通，消費，定着というこの循環は，いったん動き出すとどこが起点でありどこが終点であるかは意味を持たない．この循環の繰り返しを通して，観光対象としてのある地域や人々に対するイメージが，まるで現実であるかのように変化していくのである．

　例えば，「南国の楽園」として言及されるハワイは，実際にハワイに訪れる以前から（訪れたことがなくても），温暖な気候，椰子の木が立ち並ぶ豊かな自然，海辺のリゾートホテル，優雅に踊るフラダンス等々からなる世界として，人々の頭の中に存在している．ハワイを訪れた観光者は，このようなすでにできあがったイメージのレンズを通して現実のハワイを眺めるため，イメージ通りの世界しか見ることができない．その結果，「南国の楽園」ハワイは，ますますその姿が確かなものとなるのである．観光商品化の過程は，現実を創り出すほどの力を有しているのである．

　観光商品とイメージとのこのような関係を踏まえれば，何らかのイメージを意図的に付与することによって，観光商品を文化として売り出すという方策も

可能だとわかる．オシャレな街並みや「昔ながらの」暮らしといった一般的な
ものから，「熱帯の楽園」「悠久の歴史」「パワースポット」など，何かに特化
したものにいたるまで，イメージを戦略的に用いることに成功したところが多
くの観光者を集め，集客実績を上げているという事実を見逃すことはできない．

3．観光文化への視点

(1) 観光文化の真正性（オーセンティシティ）

　観光者が観光商品を介して文化を経験しているのであるとすれば，はたして
それは本物の文化と言えるのだろうか．観光文化とは，結局は観光者用に創ら
れたまがい物の文化に過ぎないのであろうか．このような問いに取り組んだの
が，ブーアスティンとマキャーネルという2人の研究者であった．

　ブーアスティンは，観光者が経験する文化を真正性に欠けたまがい物である
とし，観光経験を本物に触れるのではなくまがい物を楽しむ「疑似イベント」
であると論じる（Boorstin 1961）．彼によれば，近代の大量生産社会にあっては
メディアが創り出す表象こそが社会の現実となっており，そのような中で行わ
れる観光もまた，移動先の行動においては現地から隔離された状態におかれ，
あらかじめ用意された楽しみを求める（それしか求めない）受動的な活動という
ことになる．かつての「旅」が有していた冒険性，能動性，他者との出会いな
どは，もはや観光には存在しないのである．

　これに対して，観光者は本物の文化を希求しているという立場に立つのが，
マキャーネルである（MacCannell 1999）．彼は社会学者であるゴフマンの「表舞
台」「裏舞台」という分析用語を援用しながら，真正性を求める観光者を分析
している．すなわち観光者はつねに本物である裏舞台を覗こうとするのである
が，しかし観光者に提供されるのは観光者用に用意された裏舞台（「演出された
真正性」）なのである．

　両者の議論は，表面的な違いを超えて1つの共通した前提に立っていること
を強調しておかねばならない．つまり，どこかに必ず本物が存在するという暗
黙の前提である．第2節で検討した文化の観光商品化の議論を踏まえれば，ブ

ーアスティンが描く観光者は商品化された文化を素直に受け入れる存在であり，他方，マキャーネルにとっての観光者は商品化された文化の裏にある（ように思われる）本物の文化をあきらめずに探し続けるような存在となろう．

しかし現代における観光文化を捉える際に，両者の視点では見逃されてしまうものがあることを指摘しておきたい．それは現代の先端的な観光文化が本物／まがい物といった区別を越えたところに成り立っており，観光者もそれを「わかった上で」観光に興じている事実である．

例えばディズニーランドは裏舞台を徹底して見えなくする工夫を凝らしている．一例を挙げれば，裏舞台との接点になり得るような園内の清掃ですら，キャラクターやスタッフのパフォーマンスとして処理されている．一方，ディズニーランドを訪れる観光者は，その場がすべて表舞台として演出されていることは十分に承知していながらも，舞台裏に入り込んだり，ミッキーマウスの中に人が入っていると言ったりするような無粋な行動を取ることはない．観光者にとってのディズニーランドとは，裏も表もなく，ただディズニーランドとしてそこにある存在なのである．

このような観光文化の例は，ユニバーサル・スタジオ・ジャパンや映画村，アニメから派生した「聖地」など，現在注目を集める観光地に数多く見ることができる．いかにも本物らしい世界遺産すら，世界遺産の基準にあわせて加工されたものであることは，鋭敏な観光者にとってはもはや自明である．しかしそれにもかかわらず，観光者はそれを享受することができるのである．観光文化を考える際には，従来の枠組みでは捉えることのできないこのような観光者を含めて論じなければならない．

⑵　文化の消滅・文化の生成

観光が大きな産業となり，大勢の観光者が様々な場所を訪れるようになるという現実は，われわれの世界にどのような影響や効果をもたらしているのだろうか．特に文化という観点から考えた場合，観光はどのような力を持っているのであろうか．このような問いに対しては，そもそも文化をどのようなものとして捉えるかという，第1節で論じた点との関係で，大きく2つの答えが用意

されている.

1つは,観光化が地域の文化を破壊するという主張である.これは文化を本質的なものとして捉え,文化の中に真正性を見いだそうとするときに,必然的に出てくる答えである.この立場に立てば,観光者の流入は,歴史的な遺産の破損や地域の生活習慣や美意識などの変容につながる,危惧すべき問題となる.観光者向けに編集,加工された観光文化は,本来持っていたはずの真正性が失われた文化であり,このような状態が続けば,やがては(あるいはすでに)独自の文化の消滅につながるのではとの懸念が発せられる.

もう1つの見方は,文化とはつねに変容したり,創造されたりするものであるという考えに基づくものである.この立場からは,観光によって地域の文化が新しく生成されるという見方が導かれる.例えば山下(1996：104-112)は,観光目的で開発されたバリ島のケチャが,観光化の中ですっかり地域の伝統文化として定着するにいたったことを紹介している.瀬戸内海に浮かぶアートの島々のように,観光まちづくりの過程で,新しい文化が多様な主体によって作り上げられているのも,観光という文脈の中で地域文化が生成していく数多い例の1つである.

これら2つの主張のどちらが正しいか断定することは難しい.たとえ文化を動態的に捉え,真正性という考え方自体を問題視する後者の立場に立ったとしても,観光が持つ経済的な大きな力が,地域のありかたを,地元の人々にとってはマイナスの方向へと変化させていくことは十分に考えられるからである.文化の変化を当然視することと,変化の方向性に目をつぶることは,決して同じものではない.観光が巨大化している現在,観光によって,何がどのように変わりつつあるのか,それは誰にとってプラスとなり,誰にとってマイナスとなるのか,等々の,具体的事例一つひとつについて,細かく検討することが求められている.

おわりに

　本章は，観光と文化のかかわり，観光に観察される文化の動態的な性質，観光資源としての文化の商品化，観光文化を捉える際の視点などを中心に述べてきた．

　最後に，現代社会においては，観光文化が狭い意味での観光の領域だけではなく，社会のあらゆる場面に拡散しつつあることを指摘しておきたい．より正確に述べれば，本章で指摘した観光文化的な原理がわれわれの身の回りのいたるところで見いだされるのである．

　例えば，近年多くの場所で，様々に工夫を凝らした駅やショッピングモールが人々を呼び込むスポットとして注目を集めている．その際に用いられている手法は，既存のイメージの再利用や新しいイメージの創出，その場所に統一感や独自性を持たせるコンセプトの設定，それらのイメージやコンセプトに相応しいホスト側の演技など，観光文化創出の際の手法とまったく同一である．もちろんその場所を利用する側も，その場所が演出された場であることを承知の上で，その場に似合った利用者として，それを楽しんでいる．このような手法は，駅やショッピングモールばかりではなく，レストランや劇場などにも見いだせるのであり，いまやわれわれを取り巻く世界すべてが観光文化化しているといっても過言ではない．

　この意味で，観光文化を学ぶことは，すなわち現代文化を学ぶことにほかならないのである．

■ 考えてみよう ■
1．文化を観光商品化していく手法について考えてみよう．
2．観光商品のイメージの特徴を事業者側と観光者側から説明してみよう．
3．事例を挙げて，文化の本物／まがい物の区別を越えた現代の観光文化の特徴を説明してみよう．

■ 参考文献 📖

Boorstin, Daniel J. (1961) *The Image: or, What Happened to the American dream*, Atheneum（ブーアスティン，D. J.『幻影の時代』後藤和彦・星野郁美訳，東京創元新社，1964 年）.

Hobsbawm, E. and T. Ranger（eds.）(1983) *The Invention of Tradition*, Cambridge University Press（ホブズボウム，E.，レンジャー T.『創られた伝統』前川啓治他訳，紀伊國屋書店，1992 年）.

MacCannell, Dean (1999) *The Tourist*, University of California Press（マキャーネル，D.『ザ・ツーリスト』安村克己他訳，学文社，2012 年）.

Smith, Valene L. (1977) *Hosts and Guests: The Anthropology of Tourism*, University of Pennsylvania Press（スミス，バレーン・L.『観光・リゾート開発の人類学』三村浩史監訳，勁草書房，1991 年）.

山下晋司編（1996）『観光人類学』新曜社.

（王　　静）

第10章 観光と民間信仰

はじめに

近ごろ，テーマパークのハロウィーンのアトラクションはホラーで観光客を楽しませ，仮装イベントではゾンビが徘徊する．10月31日のハロウィーン（Halloween）はキリスト教の万聖節（All Saints' Day）のイブにあたる．万聖節はキリスト教のすべての聖人の祝日とされている．どうして，ハロウィーンにホラーなのか？ なぜ，ハロウィーンにゾンビなのか？ これらの問いを解く鍵は19世紀から20世紀にかけて浸透した，民間信仰の研究者たちによるハロウィーンの解釈にある．

民間信仰の研究者たちは，ハロウィーンはキリスト教以前の民間信仰のサウィン（Samhain）祭に由来すると考えた．1年の区切りとなるサウィンの夜に死者の霊魂が家々に戻ってきた．また，この夜には魔女や恐ろしい妖精や怪物が出没した（Frazer 1913）．おそらくハロウィーンはこうした解釈をともなってアメリカ経由で日本に伝来したと思われる．そしてハロウィーンの夜に死霊や怪物が去来するという恐怖がゾンビを引き寄せる．ゾンビとは何者か？

ゾンビはヴードゥーの邪術師によって霊魂を抜きとられた人間であり，生きている死体ともいわれる．西アフリカからカリブ海のハイチに奴隷として売られた人々が，遠い故郷の信仰にキリスト教を採り混ぜながらヴードゥーとよばれる民間信仰を形成した．映画やドラマに登場するゾンビの恐ろしいイメージがハロウィーンに結びつく．

したがってテーマパークにおけるハロウィーンのアトラクションやイベントには，ハロウィーンをめぐる研究者の解釈とカリブ海の民間信仰にたいするイ

メージが織り込まれているといえよう．イベントの主催者や参加者は意識していないかもしれないが，観光客を集める方法として民間信仰の解釈やイメージが再利用されている．

　それでは民間信仰とは何か？　宮本袈裟雄は民間信仰を「原始・古代以来の宗教が蓄積されている一方で，創唱宗教との交渉を通して，あるいは国の宗教政策，社会変化・変貌などによって，変容・変質しながらも，生産活動や人間関係をはじめとする人々の日常生活・社会生活を基盤として現れてくる宗教現象．」（宮本 2006）と定義している．民間信仰は民衆の宗教（「民衆性」）であり，民間信仰は社会変化などによって変容しやすく（「変容性」），民間信仰には遠い過去からの信仰が積み重なっている（「重層性」）．

　「民衆性」，「重層性」，「変容性」という民間信仰の特色は観光にもみられる．観光は民衆の参画によって誕生した（「民衆性」）．最初から民衆は独自の観光を作り出したわけではない．民衆は富裕者，宗教的専門家，そして知識人や芸術家たちの旅行を模倣した．観光には長い時代にわたる旅行の実践が積み重なっている（「重層性」）．そして観光は自然災害や社会変動の影響を受けやすい（「変容性」）．

　このような民間信仰と観光の共通性は両者の基本になっている「体験性」に根差しているように考えられる．この章では，観光の前史ともいえる民間信仰とかかわる旅行，民間信仰の研究と観光の関係について概観し，現代の観光の特色について考える．

1．熊 野 参 詣

　江戸時代後半から盛んになる社寺参詣旅行の源流の1つとして，中世に流行した熊野参詣があげられる．人々は熊野権現への信仰のために熊野へ旅行した．この熊野信仰は山岳宗教とかかわっている．7世紀ごろに山林に分け入り修行する民間宗教者が現れる．堀一郎は，それらの山岳修行者たちは，もともとは，山に臥せることによって，山にこもる神霊や精霊，あるいは死霊や亡霊などと交流して，それらの霊力を身につけるために修行していたのであろうと述べて

いる（堀 1953）．

　唐に留学した最澄と空海は，唐で最先端の密教を学び，帰国後，それぞれ山
に寺院道場を設けた．最澄や空海の弟子たちなどの密教系の僧たちも山岳修行
を行い，やがてかれらが山岳修行の中核になってゆく．山伏あるいは験者とよ
ばれた山岳修行者たちは，山岳修行を体系化し，役小角を開祖とする修験道を
形成した．かれらは山岳修行で霊力の「験」を身につけ，里に下りて験力や法
力によって加持祈祷・病気治療・卜占託宣などの活動を行った（鈴木 2015）．

　11世紀ごろに本宮，那智，新宮の熊野三山が修験道の拠点になってゆく．
熊野三山にそれぞれ熊野権現が祭祀され，本宮の神の本地は阿弥陀仏，那智の
神の本地は千手観音，新宮の神の本地は薬師如来とされた．都の貴族たちや仏
教修行の僧たちが，こぞって熊野に参詣した．

　戸田芳実によれば，熊野参詣のルートの1つとして難波の窪津を起点にして，
紀伊半島を西からまわって本宮へ至る「紀路」が定着した（戸田 1992）．この
「紀路」の道沿いに「九十九王子社」が配置され，熊野への参詣者は，それぞ
れの王子社で奉幣や禊祓をした．五来重は，王子社は，たたりやすい死霊をま
つる樹叢信仰に由来すると考えている（五来 2004）．

　熊野への参詣者は，多くの場合，「先達」とよばれる案内者に引率された．
「先達」が旅立ちの前の精進潔斎の指導，道中の道案内，関所，渡船，宿泊な
どの世話をし，王子社での儀礼の作法などを教えた．また，「先達」は熊野へ
参詣することができない人の喜捨を熊野に届けた（宮家 1992）．「先達」は，グ
ランド・ツアーにおけるチチェローネ（cicerone）と同様に，現代のツアー・ガ
イドの原型といえよう．

　「先達」に引率された参詣者が熊野の本宮に到着すると，「御師」が待ち受け
ていた．「御師」は参詣者に宿泊所を提供し，本宮での祈祷の作法などを参詣
者に指導した．「御師」は，さしずめ，中世版のホテル経営者兼現地ガイドだ
った．また，「先達」に引率され，「御師」の世話になる参詣者は「檀那」とよ
ばれた．

　参詣者は本宮での儀礼の後，新宮，那智の順に移動し，那智権現宝前で護符
の牛王宝印と梛の葉を授けられた．那智から新宮にもどった参詣者は新宮でも

118　Ⅲ　観光と社会

牛王宝印と梛の葉を授けられた．参詣者は新宮から再び本宮に参詣し，本宮で
も牛王宝印と梛の葉を授けられた（宮家 1992）．中世末ごろから熊野の牛王宝
印の文字はカラスで象形された．梛の木は神聖な樹木とされていた．梛の木は，
「梛」が「凪」に通じ，海上の凪をもたらす呪力があると信じられ，梛の葉は
引っ張っても切れにくいところから，夫婦円満のお守りにされた（濱谷 1985）．
牛王宝印と梛の葉は熊野参詣のお土産ととらえることもできるだろう．

　熊野の参詣者は本宮を旅立つまえに大豆粉をもらいうける．参詣者は復路の
切目王子社で，この大豆粉を額，頬，下顎に塗り，「稲荷の氏子こうこう」と
狐の鳴き声をまねた（宮家 1992）．この一風変わった作法のなぞをときあかす
ような説話の断片が伝わっている．石塚一雄が『宝蔵絵詞』と仮題して翻刻し
ている説話には，熊野参詣の僧，切部（目）王子，熊野権現，稲荷大明神，そ
して稲荷大明神の眷属の阿小町が登場する（石塚 1969）．ここでは阿部泰郎の
要約文（阿部 1998）を通して，その説話の内容をみてみよう．

　　熊野権現の命をうけ参詣修行の僧を守る護法童子である切目王子は，あ
　まりにその役目に熱心が過ぎてかえって僧にうとまれ，彼が敢えて放つた
　めに巧みだした穢れを被って怒り，鼻を弾いて僧を死なせてしまう．この
　咎により，権現から片足を切られて追放された王子は，熊野より帰る参詣
　者の福幸を奪って見すぎの糧とする．これに迷惑した権現は，稲荷明神を
　請じて相談すると，明神は，自らに仕える「阿小町」は王子と「ずちなき
　仲」であるから，これに王子を語らせてみようという．早速，召されて命
　を蒙った阿小町は，王子の許へ趣き，そなたゆえに妾が許に参る人々が難
　儀するよ，と愁訴すれば，王子は肯いて，これからは阿小町のごとく化粧
　した者はそれと知り，殊に臭い大豆粉で化粧した者の福幸は取るまい，と
　誓ったという．

　この『宝蔵絵詞』によって，熊野参詣から帰る人々が切目王子社で大豆粉を
顔に塗る理由が明らかになる．大豆粉の化粧は阿小町の信者の目印だった．切
目王子は阿小町と仲がよかったので，その目印のある参詣者の福幸を奪い取ら
ないと約束した．稲荷神社の下社で祭祀されている阿小町の出自は，京都の船

岡山に住む老狐だった．だから，人々は切目王子社で「こうこう」と狐の鳴き声をまねた．これも阿小町の信者であるというしるしだった．

護法童子とは，すぐれた験力をもつ修行者によって使役される霊的存在をさす．例えば『信貴山縁起絵巻』に登場する修行僧の命蓮は，護法童子を使役して，延喜の帝の病気を治している．小山聡子によれば，熊野参詣の道中に，護法が石に憑けられている護法石がいくつも祀られており，参詣者はそれらの護法石を礼拝することを通して，道中守護を受けることができたという（小山2003）．熊野参詣を終えた人々は都に入る前に伏見稲荷に参詣し，旅の安全を守護してくれた護法を熊野へ送り返す儀礼を行った（宮家1992）．

熊野参詣は，どのようにして広められていったのだろうか．熊野に参詣した皇族や貴族たちが荘園を熊野権現に寄進した結果，東北地方から九州にかけて，300カ所をこえる熊野領の荘園が点在していた（宮家1992）．「先達」は，それらの荘園に勧請された熊野権現社を足場にして「檀那」を増やした．熊野の那智社では，那智権現を参詣する様子を描いた絵（「那智参詣曼荼羅」）が制作され，これを熊野比丘尼が持ち歩き，人々に絵解きして熊野権現への信仰を広めた．

2．お伊勢参り

説経や浄瑠璃の「小栗判官」物の人気などによって，熊野参詣を行う人々の姿は絶えることはなかったが，「蟻の熊野詣」といわれた，かつてのにぎわいは中世のおわりごろにはみられなくなる．熊野参詣は衰退していった．かわりにお伊勢参りがにぎわいをみせるようになる．

熊野三山は，すべての人々に開かれた聖地だったが，伊勢神宮は，そうではなかった．伊勢神宮は長年にわたって天皇のための神社だった．たとえ皇族であっても，天皇以外の人間が伊勢神宮に奉幣することは固く禁じられていた（岡田1985）．ところが，13世紀ごろから，伊勢神宮が一般の人々に少しずつ開かれるようになる．というよりも，むしろ，伊勢神宮の側から人々の参詣を誘った．

江戸時代の後半ごろからお伊勢参りのブームがおこる．そのころの日本では，

120　Ⅲ　観光と社会

　江戸，大坂，京都という 3 つの都市＝三都が繁栄しはじめていた．また，大名の城の周りに形成された城下町，大きな社寺のまえに発展した門前町，そして北前船などの寄港地となる港町などのマチも活気にあふれていた．しかし，大半の人々は農村や山村などのムラに暮らしていた．

　伊勢神宮の下級の神人は，三都やマチだけでなく，全国のムラにも足を運びお伊勢参りを勧誘した．人々と伊勢神宮をつなげる，下級の神人は「御師」とよばれた．「御師」は人々に伊勢神宮への喜捨をもとめ，かわりに伊勢神宮のお札である「大麻」と「伊勢暦」を「御祓箱」に入れて配った（内田 1978）．「御祓箱」は，毎年，配られるので，古いものはいらなくなる．いらなくなって捨てられることや，勤めを辞めさせられることを意味する「お払い箱」は，伊勢神宮の「御祓箱」に由来する．

　「御師」の勧誘によって，伊勢神宮を信仰するようになったムラの人々は，「伊勢講」あるいは「神明講」とよばれる集団を作った．「講」は，もともとは仏教の用語で，「経典を講義し論議する集会」を意味した（岩本 1972）．伊勢参詣のための集まりを意味する「伊勢講（神明講）」ということばの初出は，15世紀初期の貴族の日記に見出される（真野 1991）．

　江戸時代の農山村の人々にとって，お伊勢参りは一生に一度は実現したい旅行だった．それゆえ「伊勢講」には多くの人々が集まった．「伊勢講」では定期的に寄り合いが行われ，伊勢神宮の掛け軸をかけて，祝詞をあげるなどして，伊勢神宮への信仰をあらたにした．講では，お伊勢参りにかかる旅費が積み立てられた．ムラの共有の山林や田畑などから得られる収益を，お伊勢参りの旅費にあてるムラもみられた．そうした共有地は伊勢講山や伊勢講田とよばれた（桜井・北見 1976）．

　2，3泊でのお伊勢参りが可能な，伊勢に比較的近い地域，例えば，尾張，三河，近江，大和などのムラの「伊勢講」では，講の仲間全員がお伊勢参りに参加したが，多くのムラの「伊勢講」では，講の中の数名が代表して参詣した．これを代参と言った．お伊勢参りを経験することが一人前のしるしとみなされ，子どもから成人への移行期の年齢の男子が代参として選ばれるムラもみられた．

　お伊勢参りはムラの重要な行事だった．ムラ中総出で代参を見送り，そして

出迎えた．代参を出迎える行事は「サカムカエ」ともいわれた．三河や信州の「サカムカエ」では，「装いをこらした馬を連れて出迎えに行き，代参者にも晴着をきせて飾り馬に乗せ，にぎやかな行列をつくり，威勢のいい伊勢音頭を声高らかにうたいながら」ムラにのりこんだ（桜井・北見 1976）．豊中の浜では，灌漑用水の水源地で代参を出迎え，お伊勢参りから戻ってきた代参のわらじで，身体の具合の悪い部分を踏んでもらえば治るといわれていた（橘 2003）．

　お伊勢参りは，ほとんどの場合，団体旅行になったので，宿屋を予約しておく必要があった．宿屋は食事の場所を提供したり，弁当をこしらえたりした．また宿屋は旅行中の買い物を家に送るときの送りもとにもなった（鎌田 2013）．1804 年に，大坂玉造の商人松屋甚四郎と江戸の鍋屋甚八が講元になり，優良宿屋を選んで宿屋組合を結成し，「浪花講」と名づけた．選ばれた宿屋の店頭には「浪花講」の看板が掲げられ，旅行者は安心して宿泊した（守屋 1981）．

　お伊勢参りは行き先と目的の 2 つの面において複合的な旅行だった．関東などの遠方からの参詣者は，お伊勢参りの後，奈良や大坂，京都，さらに金比羅まで見物してまわった（鎌田 2013）．伊勢神宮の参拝よりも後の「精進落とし」を目的に出かける若者たちも多かった．お土産に白粉やかんざしを買うこと楽しみにしている女性たちもいた．また，お伊勢参りの旅行中に，稲や野菜の種を仕入れることを目的にしている農民もいた（今野 1986）．

　お伊勢参りの旅行者は，昼食代，お茶代，船賃，宿泊代などの旅行の支出をこまめに記録した．体験談や感想も書き入れられたが，日付と宿場間の距離，宿泊した宿場と宿屋の名前は必ず記録された（鎌田 2013）．一方，宿駅名，各駅間の里程，人足賃，駄賃，宿屋名と宿泊料など必要最小限の情報を掲載した，ハンディサイズのガイドブックも出版された．蘆橘堂適志編の『東海道巡覧記』（1745）は詳細適確なガイドとして重宝され，版を重ねた（矢守 1992）．

　お伊勢参りの旅行にはお金がかかる．比較的豊かなムラでなければ，お伊勢参りは実行できなかったと思われる．しかし，経済的に余裕のない，多くの人々もお伊勢参りにあこがれた．かれらは，ときとして実力行使に出た．突然，着の身着のままお伊勢参りに出かけた．これを「抜け参り」という．1650 年，1705 年，1723 年，1771 年，1830 年に，それぞれ集団的な「抜け参り」が発生

した．数百万人の人々が，突然，伊勢神宮をめざした．「おかげまいり」ともよばれる．もちろん，かれらは昼食代や宿泊代のお金をもっていない．伊勢参詣の道中の人々が，「おかげまいり」の人々に，食べ物や金銭を施す接待を行った（鎌田 2013）．

3．民間信仰の研究と観光

民間信仰の研究は，民間信仰を明らかにすることを通して人間とは何かを考えることを目的にしている．それは直接には観光と関係しない．ところが，民間信仰の研究が結果として観光につながっている場合がみられる．小松和彦（小松 2012；小松編 2003；2017），佐々木高弘（佐々木 2009），香川雅信（香川 2013）らの妖怪研究は，妖怪の観光資源化に刺激をあたえている．吉野・熊野信仰をめぐる五来重（五来 2004；2011；五来編 1976），宮家準（宮家 1992），豊島修（豊島 1992）らの研究は，世界遺産「紀伊山地の霊場と参詣道」の重要な基礎資料になっている．同様に，宮田登（宮田 1975）や岩科小一郎（岩科 2000）らによる富士信仰の研究は，富士山の世界遺産登録に貢献している．

民間信仰の研究が世界遺産に関係する事例は，「長崎と天草地方の潜伏キリシタン関連遺産」の登録のプロセスにもみることができる．2015 年に日本政府が提出した「長崎の教会群とキリスト教関連遺産」では，教会堂の建築物が重視されていた．イコモス（〈International Council on Monuments and Sites〉の略称）は，この建築物中心の推薦書の見直しをもとめ，禁教期の信仰や生活に焦点をあてるようにアドバイスした．禁教期に信仰を守りつづけたのは民衆にほかならない．世界遺産登録を報じる新聞（『毎日新聞』2018 年 7 月 1 日　朝刊）で，くまもと文学・歴史館館長の服部英雄は「ひそかに守り続けた信仰行為こそが遺産」という談話をよせている．禁教期の民衆の信仰については，宮崎賢太郎（宮崎 2018）や中園成生（中園 2018）らの研究に集積されている．

しかしながら，柳田国男の『遠野物語』と遠野の関係ほど民間信仰の研究と観光の顕著な関係を示す事例は他にみられない．柳田国男の『遠野物語』がなかったならば，遠野市は現在とは異なる観光政策を選んでいたにちがいない．

岩手県遠野郷に生まれ育った佐々木喜善は早稲田大学に学び，作家をめざしていた．柳田と喜善は水野葉舟の紹介で出会い，東京牛込の柳田邸で喜善が遠野の「お化話」を語った（石井 2005）．柳田は喜善の「お化話」の背後に民間信仰の豊かさを感じとる．柳田は喜善の語りを聞き書きして編集し，遠野の言い伝えをまとめた『遠野物語』を 1910 年に自費出版した．

1970 年に国鉄のディスカバー・ジャパンのキャンペーンがはじまる．1972 年ごろから，『遠野物語』のイメージをもとめて多くの観光客が遠野を訪れるようになる．1986 年に「とおの昔話村」が開設され，『世界民話博　IN　遠野』（1991 年に開催）をきっかけにして作られた「語りべホール」で 1993 年から語り手による昔話の公演が行われている（川森 1996）．2010 年，『遠野物語』発刊 100 周年を記念する，『遠野物語』100 年祭が遠野市で開催された．

川森博司は，なつかしい風景や生活を思いおこさせるノスタルジーによって，遠野の観光はささえられてきたと指摘する（川森 1996）．米山俊直は盆地という地形に育まれてきた日本の地域文化＝「小盆地宇宙」を比較するための分析モデルとして，遠野をとりあげている（米山 1989）．この米山の研究をうけて小松和彦は，遠野の規模や文化的なまとまりなどが他の日本のムラとは異質であることに注意をうながし，「ありふれた日本のムラでありつつ，きわめて特殊なムラである」という遠野の二重性が人々をひきつけてきた，と述べている（小松 1994）．

おわりに

インバウンド（訪日外国人）の増加と観光の変化にともない，観光と民間信仰の関係に新しい現象がみられる．これまでもかれらは観光で社寺を訪れていたが，見学にとどまることがほとんどだった．ところが，最近，社寺で「祈願」する外国人観光客がみられる．

例えば，難波八坂神社の絵馬についてゼミの学生たちと調査したところ，日本語以外の言語（中国語，朝鮮語，英語，フランス語，タイ語，ベトナム語）で書かれた絵馬が多くみられた．かれらは絵馬に何を書いているのか．ゼミの留学生の

翻訳によって，外国人観光客はそれぞれ「祈願」内容の文を書いていることが
わかった．数年前から難波八坂神社を訪れる外国人観光客の姿が目立つように
なってきたという．この神社の境内には，巨大な獅子頭の形の舞台がある．お
そらく，このユニークな獅子頭の舞台の画像が SNS などを通じて外国人観光
客のあいだに広まっていったと思われる．しかしながら，かれらの多くは，難
波八坂神社の祭神が疫病の神さまの牛頭天王であることを知らないだろう．

　伏見稲荷大社は外国人観光客の人気の観光地になっている．千本鳥居でひき
かえさずに，「お山（稲荷山）」に通じる山道を進んでいく外国人観光客が多く
なった．「お山」には稲荷系の神霊の石碑が林立している．この神霊の石碑は
「お塚」とよばれる．多くの「お塚」の前には鳥居が折り重なるように奉納さ
れている．奉納用の鳥居は「お山」の売店で売られている．いちばん小さなサ
イズの鳥居が 3000 円．「お塚」に奉納される鳥居には，「梅八大神」などの神
霊の名称，奉納の期日，奉納者の氏名と住所が記入されている．

　家，店舗，会社，工場，そして講などで祭祀している（祭祀していた）神霊が
「お塚」に祭祀されており，信者の人々が定期的に鳥居を奉納していると考え
られる．ゼミの学生たちと行っている，「お塚」の鳥居の調査の過程で，外国
人観光客が奉納したと推測される鳥居があることに気づいた．観光の記念に奉
納したと思われる鳥居や，日本の企業の人間と一緒に参拝して奉納したと思わ
れる鳥居がみられた．「お塚」に鳥居を奉納した外国人観光客が「お塚」がど
のような場所であるかということを十分に知っていたとは想像しがたい．

　「はじめに」でふれたテーマパークのハロウィーンのアトラクションや仮装
イベントでは，観光の空間に民間信仰の断片がもちこまれ，一方，難波八坂神
社や「お塚」では，民間信仰の空間に観光が入り込んでいる．今日，買い物や
見学だけでなく体験型の観光を楽しむ観光客が増えている．体験型の観光は民
間信仰とのかかわりにおいても，新しいコンタクトゾーン（contact zone）を創
出させているように思われる．

第 10 章　観光と民間信仰　*125*

■ 考えてみよう ■

1．熊野参詣とお伊勢参りの共通点と相違点を調べてみよう．
2．遠野がノスタルジーを喚起する理由について考えてみよう．
3．社寺参詣するインバウンドの行動の意味について考えてみよう．

■ 参考文献 📖

Frazer, James George（1913）*The Golden Bough*, third edition, Macmillan.

阿部泰郎（1998）『湯屋の皇后』名古屋大学出版会．

石井正己（2005）『遠野物語の誕生』筑摩書房．

石塚一雄（1969）「資料紹介　後崇光院宸筆宝蔵絵詞」『書陵部紀要』21 号．

岩科小一郎（2000）『富士講の歴史　江戸庶民の山岳信仰〔オンデマンド版〕』名著出版．

岩本裕（1972）『日常佛教語』中央公論社．

内田正男（1978）『暦の語る日本の歴史』そしえて．

岡田精司（1985）『神社の古代史』大阪書籍．

香川雅信（2013）『江戸の妖怪革命』角川書店．

鎌田道隆（2013）『お伊勢参り』岩波書店．

川森博司（1996）「ノスタルジアと伝統文化の再構成——遠野の民話観光」山下晋司編
　　『観光人類学』新曜社．

小松和彦（1994）『妖怪学新考——妖怪からみる日本人の心——』小学館．

————（2012）『妖怪文化入門』角川書店．

小松和彦編（2003）『日本妖怪学大全』小学館．

————（2017）『進化する妖怪文化研究』せりか書房．

小山聡子（2003）『護法童子信仰の研究』自照社出版．

五来重（2004）『熊野詣　三山信仰と文化』講談社．

————（2011）『高野聖』角川書店．

五来重編（1976）『山岳宗教史叢書 4　吉野・熊野信仰の研究』名著出版．

今野信雄（1986）『江戸の旅』岩波書店．

桜井徳太郎・北見俊夫（1976）『日本の民俗 4　人間の交流』河出書房新社．

佐々木高弘（2009）『怪異の風景学——妖怪文化の民俗地理——』古今書院．

鈴木正崇（2015）『山岳信仰　日本文化の根底を探る』中央公論新社．

橘弘文（2003）「記憶と伝説」豊中市史編さん委員会編『新修　豊中市史　第 7 巻　民俗』
　　豊中市．

戸田芳実（1992）『歴史と古道　歩いて学ぶ中世史』人文書院.

豊島修（1992）『死の国・熊野——日本人の聖地信仰』講談社.

中園成生（2018）『かくれキリシタンの起源　信仰と信者の実相』弦書房.

濱谷稔夫（1985）「ナギ」『大百科事典　11』平凡社.

堀一郎（1953）『我が国民間信仰史の研究（二）　宗教史編』東京創元社.

真野俊和（1991）『日本遊行宗教論』吉川弘文館.

宮家準（1992）『熊野修験』吉川弘文館.

宮崎賢太郎（2018）『潜伏キリシタンは何を信じていたのか』角川書店.

宮田登（1975）『ミロク信仰の研究　新訂版』未来社.

宮本袈裟雄（2006）「民間信仰」福田アジオ・新谷尚紀・湯川洋司・神田より子・中込睦
　　子・渡辺欣雄編『精選　日本民俗辞典』吉川弘文館.

守屋毅（1981）『記録・都市生活史（6）三都』柳原書店.

矢守一彦（1992）『古地図への旅』朝日新聞社.

米山俊直（1989）『小盆地宇宙と日本文化』岩波書店.

（橘　　弘文）

第11章 ニューツーリズム

はじめに

　戦後，日本人の旅行は高度経済成長を背景に大いに進展した．バブル経済は日本に大きな傷を残した一方で，活発なレジャー体験によって人々の旅は大いに成熟したといえる．そのような時代を経て，日本人の旅の価値観は，「どこに行って何を見るか」から「何をするためにどこに行くか」へ大きく変わってきた．消費者ニーズは多様化し，個々人が様々な形態の旅を楽しむようになると，観光事業者も従来のマスツーリズム型の旅行では十分な満足を提供できなくなってきた．団体旅行から個人旅行へといった流れがより強まっていく中，テーマ性志向の高い新しいスタイルの旅が注目されてくる．それが，「ニューツーリズム」である．

　観光庁（2010）では「ニューツーリズム旅行商品創出・流通促進ポイント集」の中で「ニューツーリズムについては，厳密な定義づけは出来ないが，従来の物見遊山的な観光旅行に対して，テーマ性が強く，体験型・交流型の要素を取り入れた新しい形態の旅行を指す．テーマとしては産業観光，エコツーリズム，グリーン・ツーリズム，ヘルスツーリズム，ロングステイ等が挙げられ，旅行商品化の際に地域の特性を活かしやすいことから，地域活性化につながるものと期待されている．」としている．

　重要なのは，ニューツーリズムに求められていることが，単に旅行カテゴリーの多品種化を目的とするものではなく，地域の特性を活かした地域発の着地型旅行であり，地域活性化に貢献するということであろう．

1．ニューツーリズム誕生の経緯

(1) マスツーリズムの限界

　マスツーリズム（Mass Tourism）とは，第二次世界大戦後いち早く復興を遂げたアメリカと西ヨーロッパから発生した観光の大衆（マス）化の現象を指す．特にジェット旅客機の発達と大規模なリゾート開発によって，旅行者数は増加する．日本においては，1964 年の東京オリンピック開催を契機に東海道新幹線や高速道路の開通といった交通インフラの整備や大型ホテルの建設，さらにはジャンボジェット機の登場を受けて大きく発展していく．また，高度経済成長の中で所得の増加や余暇時間の拡大によって国民が旅行に行きやすい環境も整ってくる．流通面では，大手旅行業各社が団体型のパッケージツアーを造成し，旅行の低価格化が進んでいく．また，受入地域においても大型団体を吸収できる数百人規模の大規模温泉ホテルが誕生し，鄙びた温泉地域の景観を変貌させる．

　1980 年代に入ると，マスツーリズムの弊害が顕在化してくる．日本では，旅行の時期がゴールデンウィークや夏休み，年末年始などのオンシーズンに集中し，団体旅行によって大量の旅行者が一気に訪れることによって，観光地の自然環境の破壊や文化遺産の劣化が各地で起こる．また，観光資源を駆け足で巡る団体周遊型の旅は，地域経済に貢献せずにゴミだけを残していくと批判されるようになる．

　1980 年代後半に入ると，マスツーリズムを批判的に捉え，代替えしていくオルタナティブ・ツーリズム（Alternative Tourism）や過度に自然環境や文化に悪影響を与えることなく，観光地本来の姿を守りながら観光する「持続可能な観光」という意味のサスティナブル・ツーリズム（Sustainable Tourism）という概念が提唱されてくる．これらの言葉は，マスツーリズムへの対抗概念として生まれたものである．具体的には，地域の自然・文化・歴史的遺産を守ることを前提として行われるエコツーリズムや観光地に暮らす民族の生活と文化に敬意を払って参加するエスニックツーリズムという形で実践される．

(2) ニューツーリズムの誕生

1990 年代に入ると，旅行商品面で多様化・個性化する消費者のニーズに対応する商品が求められるようになっていく．キーワードとして，個人の趣味・関心に合わせた「テーマ性」，単なる物見遊山ではない「参加・体験性」，訪れた地域の人と触れ合う「交流性」，地域の独自性を楽しむ「地域性」があげられる．個々人のニーズが「十人十色」さらには「一人十色」といわれるようになると，従来の画一的な団体周遊型の旅行商品では十分な満足を得ることが難しくなる．その対応のためには，旅行商品も多品種・小ロット・高付加価値というものになり，マスツーリズム中心の旅行会社も商品造成の転換を迫られるようになった．

そのような中，地域の特性を活かした地域発の着地型観光商品が生まれてくる．先駆的なものでは，津軽地吹雪会（青森県五所川原市）やおおず街なか再生館（愛媛県大洲市）などの取り組みがある．それは，強いテーマ性を持つ地域密着型のものである．ニューツーリズムは新しい旅のスタイルを志向するツーリスト（ニューツーリスト）からだけでなく，新しい旅のスタイルにあった着地型観光商品を提供する事業者（ニューサプライヤー）の出現によって成り立つものである．課題は，消費者の新しいニーズと提供者である地域の観光事業者をどうマッチングさせるかである．集知と販売方法が重要となる．そのため観光庁では，前出の「ニューツーリズム旅行商品創出・流通促進ポイント集」を作成するなど普及に努めている．

ニューツーリズムには様々な種類があるが，国としてはテーマに産業観光，エコツーリズム，グリーン・ツーリズム，ヘルスツーリズム，長期滞在型観光，文化観光，スポーツツーリズム，ファッション・食・映画・アニメ・山林・花等を観光資源としたニューツーリズムを挙げている．観光立国推進にあたっては，関係省庁の連携による総合的な観光振興策の検討を行うことになっており，文部科学省・厚生労働省・農林水産省・経済産業省・環境省が従来推進してきたテーマが盛り込まれている．他にもコンテンツツーリズムやダークツーリズムなどが，新しい旅のスタイルとして注目を集めている．

2．様々なニューツーリズム

(1) エコツーリズム（Ecotourism）

エコツーリズムはニューツーリズムの代表的なテーマである．環境省では，2008年に施行された「エコツーリズム推進法」の4つの基本理念として「エコツーリズムを通じた自然環境の保全，観光振興への寄与，地域振興への寄与，環境教育の場としての活用.」を示している．エコツーリズムが生まれたのは1970年代後半からで，発祥は主に中南米とアフリカ等と言われている．日本では，1980年代末から小笠原や屋久島，沖縄の西表島等でエコツアーが行われるようになった．1996年には西表島で日本初のエコツーリズム協会が立ち上がり，1998年には日本エコツーリズム協会（JES）が発足している．

エコツアーを行う際に，重要な存在がインタープリター（エコツアーガイド）である．インタープリターとは，自然観察・自然体験などの活動を通して，自然が発する様々な言葉を人間の言葉に翻訳して伝える人をいう（interpret＝通訳）．植生や野生動物などの自然物だけでなく，地域の文化や歴史などを含めた対象の背後に潜む意味や関係性を読み解き，伝える活動を行う人である．

日本のエコツーリズムの特徴として，里山・里海への広がりがあげられる．大自然や観光地だけでなく，里地の生活文化も題材としたエコツアーが盛んに行われている．訪日外国人観光客には，知床の冬の流氷や長野県地獄谷のスノーモンキー，京都府美山の雪燈籠などが人気となっている．

表 11-1　日本型エコツアーの3つの類型

エリア	地　域	ツアー例
大自然エリア	知床，白神山地，屋久島，小笠原，西表島等	流氷ウォーク，野生動物に合う，原生林を歩く，ホエールウォッチング，マングローブカヌー等
観光地エリア	裏磐梯，富士山麓，軽井沢，鳥羽，佐世保等	ムササビウォッチング，青木ヶ原樹海トレッキング，海藻の森シースルーカヤック等
里地里山エリア	長野県飯田市，埼玉県飯能市，滋賀県高島市等	桜守と行くさくら巡り，古民家で味噌づくり体験，生水の郷と水のある暮らし体験等

第11章　ニューツーリズム　*131*

(2)　グリーン・ツーリズム（Green Tourism）

　グリーン・ツーリズムは「観光立国推進基本計画（2012年策定）」の中では，「農山漁村地域において自然，文化，人々との交流を楽しむ滞在型の余暇活動であり，農作業体験や農産物加工体験，農林漁家民泊，さらには食育などがこれに当たる．」と定義している．農村に滞在し農業体験をする余暇活動をアグリツーリズム，漁村に滞在し漁業体験をする余暇活動をブルーツーリズムと呼ぶ．欧州では，農村に滞在しバカンスを過ごすという余暇の過ごし方が普及しており，イタリアではアグリツーリズモ，イギリスではルーラル・ツーリズムやグリーン・ツーリズム，フランスではツーリズム・ベール（緑の旅行）と呼ばれている．

　古川・松田（2003）は，グリーン・ツーリズムの4つの条件として，①ツーリストは農山漁村の生活や生業を体験すること，②地域の人々とツーリストが交流すること，③地域の自然と親しみを大切にすること，④外部資本ではなく地元の人がサービス提供の主体となることで，それらが結果として地域の活力を増進させることを挙げている．

　グリーン・ツーリズムでは，特に都市市民と農村民の交流がポイントになる．代表的なものとして，農家民泊がある．大分県安心院町では，安心院町グリーンツーリズム研究会が中心になって推進している．1日1組を家族でおもてなしするのが農泊の最大のセールスポイントで，交流がメインとなる．また，農泊は，農業・農村を守るための手段なので副業の域を超えないことなど，"安心院方式"の基準や理念を共有して，地域から愛され，継続しやすい農泊を続けている．農泊の教育的効果が注目され，中学校・高校の修学旅行や体験学習が行われている．

(3)　ヘルスツーリズム（Health Tourism）

　ヘルスツーリズムは「観光立国推進基本計画（2012年策定）」の中では，「自然豊かな地域を訪れ，そこにある自然，温泉や身体に優しい料理を味わい，心身ともに癒され，健康を回復・増進・保持する新しい観光形態．」としている．日本観光協会（2007）の『ヘルスツーリズムの推進に向けて』では，「自己の自

132　Ⅲ　観光と社会

由裁量時間の中で，日常生活圏を離れて，主として特定地域に滞在し，医科学的な根拠に基づく健康回復・維持・増進につながり，かつ，楽しみの要素がある非日常的な体験，あるいは異日常的な体験を行い，必ず居住地に帰ってくる活動である.」としている．医療的な要素と楽しみの要素があることがポイントになる．

　ヘルスツーリズムにおいて旅先で用いられる主な療法は，① 温泉療法，② 食事療法，③ 運動療法，④ 気候療法，⑤ 地形療法，⑥ 森林療法（森林セラピー），⑦ 海洋療法（タラソテラピー）などが挙げられる．エコツーリズム，グリーン・ツーリズム，ヘルスツーリズムはともに自然，健康など共通する要素を持っているので組み合わせて観光資源化することができる．

　メディカルツーリズム（医療観光）はヘルスツーリズムの領域の1つである．観光庁は「外国人が日本の医療機関等で治療，健診等を受ける目的で訪日旅行し，併せて国内旅行を行うこと.」としている．国連世界観光機関（UNWTO）によると，「歯科治療や美容整形などの軽度な治療から，がん治療および心臓バイパス手術などの高度な手術までを含み，病気治療に行く旅行．観光と医療サービスをセットにした旅行.」としている．居住国とは異なる国や地域を訪ねて医療サービス（診断や治療など）を受けることである．日本では，本格的な治療よりも人間ドックやがんを調べる PET 検査が多い．アジアでは，韓国・マレーシア・シンガポール・タイが先進国で国策として取り組んでいる．

⑷　産業観光（Industrial Tourism）

　産業観光は「観光立国推進基本計画（2012 年策定）」の中では，「歴史的・文化的価値のある工場等やその遺構，機械器具，最先端の技術を備えた工場等を対象とした観光で，学びや体験を伴うものである.」としている．

　日本では，「石見銀山遺跡とその文化的景観」，「富岡製糸場と絹産業遺産群」，「明治日本の産業革命遺産 製鉄・製鋼，造船，石炭産業」といった産業遺産が世界遺産になっている．また，愛知県は製造業の盛んな地域であり積極的に産業観光を推進している．産業遺産だけでなく，実際に稼働している工場や工房も対象となるため，地域と企業の協力関係が重要となる．

第11章 ニューツーリズム　　*133*

　産業観光の特性からの分類では，① 産業の歴史を物語る産業文化財 (産業遺産)，② 高度な技術を有する産業現場 (工房等)，③ 近代的設備を有する産業現場 (工場等)，④ 農林水産業の (観光対象となる) 現場 (農場，漁業)，⑤ 鑑賞価値のある産業製品 (美術工芸品等) に分けられる．

　産業遺産では，世界遺産の端島 (軍艦島)・韮山反射炉・富岡製糸場の他，小樽運河や赤煉瓦造建造物群のまちなみ整備を行っている舞鶴等が挙げられる．伝統産業では，酢の里である半田や八丁味噌の岡崎，美濃焼の歴史文化を伝える土岐等中部圏が多い．名古屋周辺には，トヨタ産業技術記念館やノリタケの森など産業ミュージアムも充実している．

(5)　文化観光 (Cultural Tourism)

　文化観光は「観光立国推進基本計画 (2012 年策定)」の中では，「日本の歴史，伝統といった文化的な要素に対する知的欲求を満たすことを目的とする観光．」としている．そのため，主な対象者は訪日外国人旅行者になる．日本の伝統文化である，文化財・工芸・芸能・祭り・行事などの文化観光資源は欧米において強い関心を持たれている．体験では，茶道や華道，書道の他に陶芸や漆器・蒔絵体験，着物の着付け体験などがある．人気なのが，剣舞や忍術の体験でトリップアドバイザーランキングの上位に上る施設もある．京都・金沢・高山など日本の伝統工芸が盛んに行われている地域では体験教室が多く開催されている．

　また，日本はマンガ・アニメ・ゲームといったサブカルチャーの発信力が高く，東京の秋葉原や池袋，大阪の日本橋や名古屋の大須には多くのファンが集まる．コミックマーケットや東京ゲームショーを目的に訪れ，コスプレを楽しむケースもある．他にも，瀬戸内国際芸術祭や横浜トリエンナーレなどアートフェスティバルやファッションイベントにも多くの外国人旅行者が来場する．

　文化を中心とするソフトパワーを国家ブランドイメージ戦略として活用したのが，1990 年代後半の英国ブレア政権である．「クールブリタニア」と呼ばれ，伝統だけではないモダンな国のイメージが定着した．日本においては 2010 年に経済産業省の中に「クール・ジャパン室」が設置され，日本のポップカルチ

ャーなどのコンテンツ産業を海外に発信していくようになった．クールジャパンはコンテンツや伝統文化とともに日本食や食文化の普及，ロボット・環境技術など幅広い分野が対象になっている．

(6)　スポーツツーリズム（Sport Tourism）

　スポーツツーリズムは「観光立国推進基本計画（2012 年策定）」の中では，「スポーツを「観る」「する」ための旅行に加え，スポーツを「支える」人々との交流や，旅行者が旅先で多様なスポーツを体験できる環境の整備も含むもの．」としている．魅力あるスポーツ資源を最大限に活用し，異なる地域や国の人々の交流を呼び起こし，国内観光振興及びインバウンド拡大を促進する狙いである．①「観る（観戦）」スポーツでは，プロ野球，高校野球，Ｊリーグ，ラグビー，プロゴルフ，大相撲，柔道，アイススケートなどの試合とオリンピック・パラリンピック，サッカーワールドカップ，アジア大会など世界的なイベントがある．②「する」スポーツでは，ランニング，ウォーキング，サイクリングなどが世代を超えて人気を集め，スポーツイベントに集う人々が地域に活力を与える．他に，スキー，ゴルフ，登山，トレッキング，マリンスポーツ，ダイビング，トライアスロンなど幅広い．③「支える」スポーツでは，地域に密着したスポーツチームの運営，市民ボランティアとしての大会支援，国や地域を挙げての国際競技大会・キャンプ誘致等が挙げられる．

　サイクル・イベントやマラソンは日本全国で行われていて，各地の新鮮な風景を楽しみながら競技大会に参加する人も多い．「美ら島オキナワ Century Run」では，本格的な沖縄 9 市町村を走り抜ける 167 km の上級コース，108 km のロングライド初心者コース，45 km の仲間や家族で参加できる初心者向けコースが用意されていて自分の条件に合わせてエントリーできる．2007 年から開催されている東京マラソンは，参加者はフルマラソンで 3 万 5500 人に上り，ボランティアスタッフも約 1 万人が係わっている．海外からの参加者も多い．

第11章　ニューツーリズム　*135*

(7)　ロングステイ（Long Stay）

ロングステイは「観光立国推進基本計画（2007年策定）」の中では，「長期滞在型観光は，団塊世代の大量退職時代を迎え国内旅行需要拡大や地域の活性化の起爆剤として期待されるものであるとともに，旅行者にとっては地域とのより深い交流により豊かな生活を実現するものである.」としている. 財団法人ロングステイ財団では，「国内においては，主たる生活の拠点のほかに，日本国内の他の地域で比較的長く（1週間以上）あるいは繰り返し滞在し，その滞在地域の文化慣習を遵守しつつ地域文化とのふれあいや住民との交流を深めながら滞在するライフスタイルをいう.」としている.

「旅」よりも「生活体験」を中心とした滞在であり，目的としてはのんびりとした暮らし，避暑・避寒，湯治，花粉症からの逃避，梅雨からの逃避，農業体験などである. 滞在形態は，長期滞在用ホテル・コンドミニアム・リゾートマンション・湯治場・別荘など多様だ. 人気の地域は，梅雨や花粉症の少ない北海道，冬暖かい沖縄や温泉の多い九州・長野などが挙げられる. 海外では，マレーシア・タイ・ハワイ・オーストラリアの人気が高い.

(8)　フードツーリズム（Food Tourism）

安田（2013）は，フードツーリズムを「地域の特徴ある食や食文化を楽しむことを主な旅行動機，主な旅行目的，目的地での主な活動とする旅行，その考え方である.」としている. 飲物の分野で代表的なワインツーリズムは，「ワインの産地を巡りながら，ブドウ畑の風景やワインと地元の食，生産者との交流，ワイン産地の風土を楽しむこと」を言う. 日本では，酒蔵ツーリズムとして「日本酒や焼酎などの酒蔵を訪れ，日本酒や焼酎などと地元の食，生産者との交流，酒蔵を核とした街並みを楽しむこと.」も行われ，外国人旅行者にも人気だ.

フードツーリズムは，単に地域のレストランでの食事だけでなく，市場や産地直売所，特産物，フードイベント，料理人，加工体験，食に関わる空間などを含む. 最も大切なのは，地域に赴き地域独特の食文化そのものを味わうことだろう. 多くの地域で地域の食を観光資源として，まちづくりに活用している.

136　Ⅲ　観光と社会

讃岐うどんの香川県，名古屋めしの名古屋，ラーメンやスープカレーなど様々
な食が楽しめる札幌，高級カニ料理の日本海側の市町などは食を活用した地域
ブランドの推進に力を入れている.

　ワインツーリズムの地域では，① ワイナリー巡り（勝沼，池田，長野，山形，
出雲他），② 酒蔵巡り（灘，伏見，西条，新潟他），③ ウイスキー蒸溜所巡り（山崎，
白州，余市，宮城峡他）がある．産業観光とも関係するツーリズムである．山梨
県勝沼では多くのワイナリーがあるが，お酒なので試飲してマイカーで巡る
ことができないという課題がある．そのため，ワイナリーエリアを結ぶルートを
設定し，専用バスを運行し，ガイド資料を見ながらワイナリーやぶどう畑，飲
食店など地域を巡るイベントなどを行っている．海外では，アメリカ西海岸の
ナパ・バレーやイギリスのスコッチウイスキー蒸溜所巡り，ベルギーの地ビー
ル醸造所見学などが人気だ.

(9)　コンテンツツーリズム（Contents Tourism）

　コンテンツツーリズム学会のホームページでは，「地域に「コンテンツを通
じて醸成された地域固有のイメージ」としての「物語性」「テーマ性」を付加
し，その物語性を観光資源として活用することである.」としている．対象と
なるコンテンツは，映画・マンガ・アニメ・ゲーム・テレビドラマ・文学・音
楽などでその物語の舞台となった土地を訪れる．アニメの舞台地を訪れること
を「アニメ聖地巡礼」という．舞台地には，アジアからの若い日本アニメファ
ンも多く訪れる.

　フィルムツーリズムは，映画やテレビ番組などの舞台となったロケ地や原作
の舞台をめぐる旅でコンテンツツーリズムの代表的なものである．フィルムツ
ーリズムでは，映画，テレビドラマ，CMなどのあらゆるジャンルのロケーシ
ョン撮影を誘致し，実際のロケをスムーズに進めるための非営利公的機関であ
るフィルムコミッション（FC）の存在が大きい．映画の舞台地では，「二十四
の瞳（香川県小豆島）」，大林宣彦監督の「尾道三部作（広島県尾道）」，「おくりび
と（山形県酒田・鶴岡）」が良く知られている．テレビドラマの舞台地では，「北
の国から（北海道富良野）」や「おしん（山形県銀山温泉・最上川）」がアジアでも定

番となっている．NHK 大河ドラマの舞台地は，毎年多くの観光客が集まり経済効果も数百億円規模に上る．海外では，イギリスの「ハリー・ポッター」やニュージーランドの「ロード・オブ・ザ・リング」のロケ地が世界中から旅行者を集めている．

⑽　ダークツーリズム（Dark Tourism）

　ダークツーリズムとは，戦跡や災害被災地など，悲劇・死・暴虐にまつわる史跡など暗い歴史を持つ場所を訪問する，人類の死や悲しみを対象にした観光のことである．レジャーとしての観光よりも，学びを重視したツーリズムといえる．ブラックツーリズム（Black Tourism）や悲しみのツーリズム（Grief Tourism）とも呼ばれている．ダークツーリズムの概念は 1996 年にグラスゴーカレドニアン大学の教授，ジョン・レノンとマルコム・フォーレーによって提唱された．研究では悲しみと死に結び付けられる場所に人々はどのようにして集まるのかを指摘し，ダークツーリズムのモラルと社会的影響を見極めようとした．ダークツーリズムがいかに不道徳を具現しているか，だからこそ逆に道徳が理解されるかについて言及している．ダークツーリズムは世俗化した世界で死を受け入れる１つの形として，災害や大惨事の後に復興する社会を助ける反発力の仕組みになりうることを論じている．

　ダークツーリズムは戦争や自然災害，公害など様々なカテゴリーに分類される．代表的なものとして，『アンネの日記』で有名なユダヤ人アンネ・フランクの隠れ家（オランダ）やアウシュヴィッツ＝ビルケナウ強制収容所（ポーランド），広島の原爆ドームや長崎の平和祈念像，沖縄のひめゆりの塔，戦争の激戦地ではナポレオン戦争最後の戦闘となったワーテルロー（ベルギー）や第一次世界大戦のソンム（フランス），原発事故のチェルノブイリ（ウクライナ）や米国同時多発テロの跡地グラウンド・ゼロ（アメリカ）などが挙げられる．ダークツーリズムは，特にまだ歴史とはなっていない新しい事象においては，その地に心の傷が癒えてない人々が存在していることに十分配慮しなくてはならない．

おわりに

ニューツーリズムを考えるうえで大切なことは，「新しい旅のスタイル」の主役が，多様なニーズを持った消費者と着地型商品を提供する地域事業者であるという認識だ．日本の観光施策は多くの省庁が関与するために，様々なジャンルのものをニューツーリズムとして押し込んでしまった感がある．例えば産業観光の対象である富岡製糸場では世界遺産決定以降は首都圏に近いこともあり，マスツーリズムの典型である団体バスツアーが頻繁に行われている．エコツーリズムの知床や西表島も団体周遊観光の対象地である．そこでは，インタープリターが丁寧に自然環境の保全の意義を含めガイディングする余地は少ない．フードツーリズムでは，ワイン醸造所や酒蔵の見学と試飲販売は従来から行われてきた．ここでも説明は表面的で，ツアー行程の時間内で買い物も含め行わなくてはならない．本来のニューツーリズムは，少人数のスモールツーリズムでしか成り立たないのである．

現在は，それぞれのジャンルの中にマスツーリズム型とニューツーリズム型の旅行者が存在するが，ニューツーリズム型の旅行者の参加はあまり増えていない．発地側の大手旅行会社は北海道や沖縄など遠距離であれば，収益を確保できるが着地型商品の手配のみでは利益を上げにくい．ただインターネットでのレジャー・体験予約サイトが出現しており，ニューツーリストとニューサプライヤーをつなぐニューチャネルとして期待されている．

■ 考えてみよう ■

1. ニューツーリズムが誕生した経緯をマスツーリズムと関連付けてまとめてみよう．
2. 世界の国・地域でどのようなフードツーリズムがあるか調べてみよう．
3. ダークツーリズムの意義や効果について考えてみよう．

■ 参考文献 📖

井出明（2015）「ダークツーリズムとは何か」『DARK tourism JAPAN』ミリオン出版
　　02-09.

観光庁（2010）「ニューツーリズム旅行商品 創出・流通促進ポイント集（平成21年度
　　版）」観光庁.

コンテンツツーリズム学会 増淵敏之他（2014）『コンテンツツーリズム入門』古今書院.

財団法人社会経済生産性本部（2007）『レジャー白書2007』社会経済生産性本部.

社団法人日本観光協会（2007）「ヘルスツーリズムの推進に向けて」日本観光協会.

古川彰・松田素二編（2003）『観光と環境の社会学』新曜社.

安田亘宏（2013）『フードツーリズム論』古今書院.

安田亘宏（2015）『観光サービス論』古今書院.

吉田春生（2010）『新しい観光の時代』原書房.

（中 村 忠 司）

第12章 観光と政策

はじめに

2007年から実施された日本の「観光立国推進基本法」の前文において，国は観光の使命を次のように記している．「観光は，国際平和と国民生活の安定を象徴するものであって，その持続的な発展は，恒久の平和と国際社会の相互理解の増進を念願し，健康で文化的な生活を享受しようとする我らの理想とするところである」．

観光は，一人ひとりの観光者や，個々の旅行代理店やホテルのような事業者によって実践されるきわめて「個人的」な行為である．しかし，国際平和ならびに国民の生活の安定の両方を象徴するとされる観光は，もはや一個人や一企業の次元をはるかに超えた「社会的」なものである．個人の健康的で文化的な生活に向けて観光をより良く享受できるような社会づくりにつなげたり，「個人的」な観光行為をより良い国際社会づくりに発展させたり，さらにはより良い国家づくりにつなげていくことは，世界・国家・個人にかんする政治でもある．そのため，観光自体が政策であると言うこともできる．

本章では，観光政策とはなにか，世界的に観光政策はどのように展開されてきたか，日本における観光政策の歴史，観光振興と地方創生との関連について，基本的なことを紹介していく．

1．観光政策の基本的な理解

(1) 観光政策の理解

「観光政策」の概念を理解するためには，まず「政策」とは何かを説明しておく必要がある．『広辞苑』第四版では，政策を「① 政治の方策．政略．② 政府・政党などの方策ないし施政の方針」と定義している．また，政治の目的は広く社会や住民の生活をより良くすることにあるため，「政策」とは，国や地方自治体が住民の生活をより良くするために行う様々な対策（法律や制度の整備，知識の普及など）とまとめられる．したがって，広義の「観光政策」とは，国や地方自治体が住民の生活をより良くするために，観光を振興させる諸対策だと理解できる．

(2) 観光振興における観光政策の役割

次に，2つの問いを通して「観光政策」に関する基本的な事柄を整理しよう．1つ目は，そもそもなぜ観光振興を図る必要があるのか，言い換えると観光を盛んにさせることと，住民の生活がより良くなることとがどのように結びついているかという問いである．これは，第1章で述べた観光の意義を住民の視点から捉えなおすと明らかになる．すなわち，観光が盛んになると，住民はそれがもたらす経済的な効果やインフラの充実を享受できるのみならず，異文化交流を通した相互理解の促進，地域への愛着の深まり，さらに地域のイメージアップにもつながっていく．それら観光が住民にもたらす効果は，一つひとつ独立しておらず，とりわけ相互に関連し合っているということに注意しなければならない．つまり，地域のイメージがアップすれば，より多くの観光客が訪れ，経済効果が拡大し，相互理解も進んでいくといったように，観光が盛んになればなるほど，住民にとってプラスになっていくのである．これが観光政策が必要な理由の1つ目である．

2つ目の問いは，たとえ観光振興が住民の生活を良くしていく上で大事だとしても，なぜそのための特別な政策を行わなければならないのかという問いで

ある．これは，観光が経済や外交，まちづくりなど幅広い領域と関わっている
ため，それぞれの政策ではバラバラになってしまい，観光を盛んにさせる効果
が逆に薄れてしまう可能性があるからというのがその答えになる．そうならな
いようにするため，全体のバランスを調整する司令塔的な役割を持つものが必
要で，それが国や地方自治体が行う観光政策になる．例えば，伝統文化が大き
な魅力となっている古都京都にさらに観光客を誘致しようとする場合，仮に最
近話題のカジノ施設を作るとする．カジノ施設があれば，世界中から集客でき
る可能性が高い．しかし，京都の歴史的に由緒ある古寺の周辺にカジノ施設が
建設されると，おそらく京都全体のイメージを損ない，観光客の減少を招いて
しまう可能性があるだろう．経済発展やまちの雰囲気など，すべてバランスよ
く調整しなければ観光振興は期待できない．観光政策は，様々な領域の政策を
調整する司令塔の役割を果たすものになる．

(3) 「観光政策」の学ぶ対象

　観光政策を学ぶにあたり，まず意識しなければならないのは，上述のような
観光振興における観光政策の役割の重要性である．観光振興に戦略的に取り組
んでいる多くの国や地方自治体は，観光関連分野の力を合わせて観光政策に力
を入れている．また，観光人材育成と研究を担う高等教育機関などでは，観光
学のカリキュラム構成において観光政策に関する科目が必ず設置されている．
観光政策を学ぶ際には，観光の基本的な条件および観光の3つの構成要素（観
光者・観光対象・観光媒体）をより良く整備するために実施されている諸政策が具
体的対象になる．つまり，観光行動を成立させるための基本的な条件（余暇時
間，経済的な余裕，観光を楽しめる社会環境）の創出，観光者の観光意欲の喚起，観
光対象（観光資源，観光施設など）の整備，観光媒体（観光メディア，観光交通，観光
案内など）の充足，といった観光の仕組み全体を円滑に動かすための政策全般
である．以下，観光政策を学ぶ上での主要な注目点を3つ挙げる．
　1つ目は，観光を担当する行政機関及びそこで実施されている観光行政であ
る．観光を盛んにするために国や地方自治体は観光政策を立案するが，着実に
実施されなければ期待される効果を得ることができない．観光行政とは，政策

の理念や目標を具現化するために行う観光事業にたいする支援や指導などの諸活動であり，観光政策と一体的な関係にある．国連世界観光機関（以下，UNWTO）のような国際観光を促進してきた国際組織，日本の「観光庁」のような各国の政府機関，地方自治体の「観光課」なども学ぶ対象となる．それぞれどのような時代の背景の中で設置され，どのような政策を，どのように実施してきた（している，する予定）のかを理解する必要がある．

　2つ目は，観光関連の法律をはじめとする観光制度である．観光関係の法律や条令は，具体的な観光政策の立案や実施の根幹となる．「世界の文化遺産及び自然遺産の保護に関する条約」のような国際的な制度，「観光立国推進基本法」や「旅行業法」のような国家レベルの法制度，大阪市の民泊条令のような地方自治体の条例制度の分析が必要である．

　3つ目は，観光統計である．1つの観光政策が立案される際には，正確な現状の理解，問題点の十全な把握，明確な目標設定が必要である．それらを客観的に行うには，科学的な方法によって収集した各種データが有力な根拠となる．また観光政策が実施されている途中や実施後の予測効果の検証，さらに改善してより良い政策を作る際にも，実際の調査に基づく観光統計が客観的な材料となる．現在，同じ国の中でも地域ごと，事業体ごとに統計方法がバラバラのままで行われている現状が見られる．UNWTO が世界全体や国別の観光 GDP や観光雇用の割合を算出する際に用いている TSA（ツーリズム・サテライト・アカウント）という統計方法が，信頼性が高いものとして観光行政では使われることが多い．観光政策を学ぶ際は，公的機関がどのような調査をどのような方法で実施しており，どのような媒体で公開しているのかを把握したうえで，各種調査データ自体に随時注目しながら，その活用を考える必要がある．

2．世界における観光政策の展開

　UNWTO の統計によると，2017 年に世界全体での国境を越えた国際観光者数が 13 億 2200 万人となった．1950 年の 2500 万人と比べて 50 倍以上に増加したのは，世界経済の発展によるだけではなく，戦後国際観光の振興政策が世

144　Ⅲ　観光と社会

界的に展開されたことの結果でもある．この節では，世界第一の観光大国フランスの観光行政及び戦後の国際機関の活動を例として紹介する．

(1)　世界最初の観光行政

　トーマス・クックの旅行業から始まった近代観光は，20 世紀の初頭には経済先進国であるイギリスをはじめ，ヨーロッパや米国で広がりを見せ，産業としての影響力も徐々に大きくなっていった．観光に関する国家政策を世界で初めて打ち出したのは，国際観光者の受け入れ者数で長年 1 位の座を占めるフランスであった．優れた文化を誇るフランスは，グランド・ツアーの時代に多くのイギリス人子弟を魅了してきた国であるが，対外宣伝を通して近代観光業を推進させるとともに，外貨獲得のために，1910 年に世界で初めて国家の中央機関に観光の行政組織を設置した．同じくその種のものとしては世界最初となる海外事務所を 1920 年にロンドンに開いた．しかし 1920 年代末から 30 年代初めにかけての世界恐慌を背景に 1935 年に同組織は廃止されることになった．

　一方，国内観光についての政策は，「バカンス法」と言われる労働者の長期連続休暇取得を保障する法律の導入（1936 年）から始まった．年間 2 週間の有給休暇が取得できたことと，列車の割引制度や補助金制度などをあわせることで，翌年の休暇利用者は約 4 倍増加した．また余暇に対する意識やその過ごし方を啓発するために観光行政が関連施設を建設することなどを通して，国内観光が促進されていった（青木 2012：5-6）．

　世界最初の政府機関内における観光行政組織の設置，ならびに「バカンス法」の導入，この 2 つの国策だけで，当時からフランスは先進的な取り組みをしてきたと言える．第二次世界大戦までは，ヨーロッパ諸国や日本でも政府が公的な観光機関（National Tourism Organization；略称 NTO）を作り，自国の観光宣伝を行ってきたが，世界規模で観光業が急速な隆盛を見せ始めたのは，第二次世界大戦後のことである．

(2)　国際連合の専門機関の活動

　短い時期に 2 度も世界大戦を経験した人々にとって，より良い生活を築くた

めには，経済の復興で得られる余暇の享受も重要だが，それ以前に平和な暮らしこそが何より大切である．観光振興によって，国は国家づくりに必要な外貨を獲得できる．同時に，異なる宗教や民族，異なる国家や地域で生活する人間同士の交流を通して，相互理解と相互尊重に基づく真の世界平和を築くことも期待できる．したがって，国や国際機関が，その両面にとって有効な手段となる観光（特に国際観光）を振興する政策に力を入れるようになった．その結果，観光産業はそれまでの1世紀に見られなかったスピードで急成長し，世界規模でのマスツーリズムが展開していった．

　ここで，国際連合のいくつかの取り組みを挙げてみよう．まず，国際連合は1967年を国際観光年に指定し，「観光は平和へのパスポート」という平和に寄与する観光の意義を明瞭に表した言葉をスローガンに掲げ，加盟国で協力して観光振興を行う必要性を訴えた．

　そして，UNWTOという今日観光振興に取り組む世界最大の国際機関も国際連合の専門機関である．その前身は1925年にハーグで設立された世界初の観光分野の国際協力機関だった公的観光連合国際会議にさかのぼり，戦後1946年に官設観光機関国際同盟に名称を変え，1970年に採択されたUNWTO憲章に基づき，1975年に政府機関に昇格し世界観光機関（WTO）へと改組，2003年には国際連合の専門機関となった．公式ホームページ（http://unwto-ap. org/）によると，2016年9月の時点で加盟国は157，地域は6，賛助会員は500以上で，「観光の振興・発展により，世界の経済的発展，国際平和，人権尊重などに寄与することを目的」に活動している．UNWTOは，6つの地域委員会（アフリカ，米州，中東，欧州，東アジア・太平洋，南アジア）を設け，世界の観光市場統計及び関連資料や文献の発行，環境と持続可能な開発といった国際的な協力が必要な活動をしている．

　また，世界的に貴重な観光資源とされる世界遺産の登録と保護を行っているのも国際連合の専門機関である．1946年に設立された国際連合教育科学文化機関（ユネスコ）は，世界遺産以外，無形文化遺産の認定や保護にもつとめている．

3. 日本における観光政策の展開

(1) 観光庁の設置

日本の観光政策もフランスなどの諸外国と同じく，外国人観光客の接遇と誘致から始まった．1930年に鉄道省の外局として，「外客誘致に関する調査と誘致を図る中央機関」としての国際観光局が開設される（寺前 2006：16）．戦時には活動を中止し，国際観光局自体廃止されていたが，日本の観光に関する中央行政組織が運輸部門に置かれるのは，その後も受け継がれてきた．戦後1946年に観光行政が再び動きだし，運輸省の鉄道総局に観光課が設けられた．以降何回かの組織変更を経て，2008年には国土交通省の外局として日本の観光行政の最高機関である観光庁が誕生することになった．

観光政策は幅広い分野でバランスを取る必要があり，観光行政が総合行政であることは，日本の観光庁と各中央省庁との関係でも明らかである．観光庁は国土交通省の外局として設置されているため，国土交通省が政府の観光行政の中心である．しかし，国全体の観光に関するビジョンは内閣官房の策定となり，国際観光者の出入国審査は法務省，旅券や査証は外務省が所管している．また観光資源や諸施設に関しては，例えば文化財の保護や活用は文部科学省，農山漁村の農や食は農林水産省，コンテンツ産業や伝統工芸の振興は経済産業省，国立公園や温泉保護は環境省，宿泊施設の環境衛生管理は厚生労働省の所管である．

(2) 観光法制度の整備

旅と文化研究所編集の『旅と観光の年表』（2011）によると，1930年に国際観光局が設置された時代には，国宝保存法（1929年），国立公園法（1931年）など，日本はすでに文化財や自然の観光資源の保護と整備の法制度を作成していた．また，戦後すぐから50年代にかけては，温泉法（1948年），文化財保護法（1950年），自然公園法（1957年），国際観光事業の助成に関する法律（1949年）などを相次いで制定する一方で，旅館業法（1948年），国際観光ホテル整備法

（1949年），通訳案内業法（1949年），旅行あっ旋業法（1952年），航空法（1952年）などの観光事業の基幹を担う事業整備法も整えられていった．

　さらに，1963年には観光基本法が制定されることになる．同法が掲げる国の観光に関する政策の目標は，「外国人観光旅客の来訪の促進，観光旅行の安全の確保，観光資源の保護，育成及び開発，観光に関する施設の設備などのための施策を講ずることにより，国際観光の発展及び国民の健全な観光旅行の普及発達を図り，もって国際親善の増進，国民経済の発展及び国民生活の安定向上に寄与し，あわせて地域格差の是正に質すること」とされた．またその目標を達成するために国と地方公共団体の施策をそれぞれ挙げていた．

　このように戦後から60年代の前半にかけて，外国人観光者の誘致・受入れと同時に国民観光の大衆化を支える法制度が整備されていった．東京オリンピック開催及び日本人の海外旅行自由化が始まったいわゆる「観光元年」（1964年）以降，観光産業が飛躍的な発展を遂げていく．それから40年を経て，2003年に小泉首相（当時）が観光立国を宣言した．それを実現するための基本政策を規定するものとして，2007年に観光基本法は「観光立国推進基本法」へと改正される．60年代から今日に至るまで，観光業の状況に応じて，他の分野とバランスを取りながら観光振興を促進するために，観光法制度はより充実したものとなっていった．

(3)　観光立国に向けて

　全体的に見ると，戦前から戦後しばらくは日本の観光政策は外客誘致と外貨獲得に重点が置かれてきた．そのためインバウンドを重視し，アウトバンドは制限された．例えば，海外旅行が自由化された当初においても，年に海外旅行の回数を1人につき1回，持ち出し外貨の上限は500ドルと日本円2万円とされていた（白幡 1996：231-236）．しかし，日本経済の高度成長に後押しされ，日本人の海外旅行者は爆発的に伸び，1971年には100万人に近づき，インバウンドを上回ることとなった．その後の観光政策は再び経済分野とのバランス調整を図り，貿易の黒字を減らすために1987年に海外旅行者数の目標を1000万人に掲げる海外旅行倍増計画の「テン・ミリオン計画」が実施された．しかし，

148   Ⅲ　観光と社会

対外貿易収支との関連以外の点においても，例えば双方向の観光文化交流を掲げた「ツー・ウェイ・ツーリズム21」計画（1991年）や，訪日観光交流倍増計画の「ウェルカムプラン21」（1996年）のように，国際文化交流や相互理解を増進するための政策も重視されてきた．

　2003年1月に，小泉首相は施政方針演説において，政府を挙げて観光振興に取り組み，当時約500万人の訪日外国人観光者数を2010年に倍増させるという目標に言及し，7月にはそれを実現するため，「住んでよし，訪れてよしの国づくり」を副題にした「観光立国行動計画」が決定された．また国，地方自治体，民間が共同で，訪日観光を促進する大型のプロモーション事業である「ビジット・ジャパン・キャンペーン」に取り組むことになった．国がそのための予算を付け，重点市場国におけるキャンペーンを実施し，国際航空路線網の充実化や査証緩和などの施策を行い，リーマン・ショックなどの影響を受けながらも2013年には1000万人突破の目標が達成された（中尾 2016：127）．

　その後，訪日外国人観光者数が順調に増加して，国も観光立国の実現に向け，訪日観光者の人数及びその消費金額の具体的な数字目標を立て，戦略的な施策を行ってきた．現在は，「明日の日本を支える観光ビジョン」において定めた，国の成長戦略と地方創生の大きな柱という観光の位置づけのもと，2020年の訪日外国人観光者数4000万人，2030年の6000万人を目標に，観光先進国の実現に向けた施策が官民一体で取り組まれている．

4．観光振興と地方創生

　近年，地方創生という言葉が日本の国家づくりに関する議論の場でよく使われている．東京の一極集中や少子高齢化に伴う地方の過疎化に歯止めをかけ，地方の活力を取り戻すことで国全体を元気にする創造活動だと理解することができる．

　地域振興，地域再生，地域活性化はその類似表現である．地方に活力をもたらすには，観光振興が唯一無二の方法であるというわけではない．しかし，農山漁村や山間地域の地方にある独自の地理や歴史に由来する自然や文化資源を

もとにした観光振興が可能であり，観光交流人口の拡大によって地方を活性化できる可能性も大きいことから，近年の地方創生では観光が有効な方法として，積極的に活用されている．

　地方の観光振興にあたっては，リゾート法と通称される総合保養地域整備法（1987年），グリーン・ツーリズム法と呼ばれる農山漁村滞在型余暇活動促進法（1995年），エコツーリズム推進法（2008年）といった法制度が整備されている．以下は法制度以外で，地方を対象に展開された観光振興策を挙げる．

(1) 地方の発見，魅力づくり

　まず，地方に観光者の目を向かせた日本国有鉄道の大型宣伝事業であるディスカバー・ジャパン・キャンペーンを取り上げたい．1970年10月からスタートしたこのキャンペーンは，大阪万国博覧会終了後の全国的な旅行需要を促進するために，国鉄が広告代理店の電通に実施を依頼したものである．それを通して，地方の古い町並みが観光地として注目され，若い女性観光者が津和野や高山などに殺到し，国内観光の活性化がもたらされた．同時に，「日本を発見し，自分自身を再発見する」というキャンペーンのテーマのように，大都市から遠い向こうにある美しい日本の発見は，観光者を地方に導き，地方の観光まちづくりにもつながったと言える．

　次に，本来は観光振興が目的ではないが，間接的に観光者を地方に誘致してきた地方自治体の政策として，「一村一品運動」を挙げることができる．大分県から始まった村のブランド品づくりを通した地域振興運動は，1980年代にほかの地方でも参考にされることになり，日本の地方振興を促進した．観光交流を促した側面で注目したいのは，それらのブランド品がさらに六次産業化され，その結果，農山漁村の名で知られる多くの特産品，観光土産品を生み出したことと，「一村一品運動」が海外で知られるようになるにつれ，現在まで多くの研修生や視察団が訪れていることである．また今日の食と農を活用した食農観光プロジェクトともつながっている点である．

150 Ⅲ 観光と社会

(2) 「観光立県推進」から「一地域一観光」

中央と地方自治体が共同で行った観光政策として，「90 年代観光振興行動計画」が挙げられる．同計画は当時の運輸省が発表した日本人海外旅行者数を1000 万人にするという海外旅行倍増計画の国内版として 1988 年に策定されたものである．この計画は，「観光振興を通じて地域の活性化と国際化を目指すとともに，ゆとりある国民生活の実現を図ること」を目的に，中央及び地方それぞれで，「観光立県推進中央会議」，「観光立県推進地方会議」を開催し，地域の特色を生かす具体的施策を行おうとしたものである（進藤 1999：61）．近隣県の地域連携の取り組み，国内観光者のみならず外国人観光者の誘致による人口交流の拡大，国や地方自治体のほか広く観光業と関連を持つ地元の関係者の協力関係が生まれたことなどが成果とされている（進藤 1999：61-62）．

この観光立県推進運動は，1998 年に「広域連携観光振興会議」の名称に変更され，同じく地域の特徴を活用し，そのうえ県単位に限らない「一地域一観光」が 2003 年から推進されていく．「一地域一観光」は，外国人観光者の誘致施策であるビジット・ジャパン・キャンペーンと並び，国際競争力のある観光地づくりと国内観光振興の施策を通して観光立国を実現するための目玉事業でもある．

(3) 「地方創生の大きな柱」としての観光

地方発見のキャンペーンから 30 年あまりを経て，日本全体の観光振興にとって，地域やその地域の文化創造に対する期待やその役割が非常に重要になってきた．また地方の観光振興は，「住んでもよし，訪れてもよし」の理念のように，たんに観光者側を意識するのではなく，住民にもその地域社会に誇りと愛着をもつような方向が重視されてきた．

日本は 2014 年から地方創生に特化した国策を実施するようになった．地方創生担当大臣が任命されるとともに，内閣官房にまち・ひと・しごと創生本部事務局が設置された．さらに「まち・ひと・しごと創生法」及び「地域再生法の一部を改正する法律」も制定され，地方創生を日本国の創生と位置づける取り組みが始まった．2016 年に発表された前述の「明日の日本を支える観光ビ

ジョン」において，政府は観光を地方創生の切り札とし，日本の「成長戦略と地方創生の大きな柱」に位置づけた．地方創生の実現には，観光が大きく期待されていることが明らかである．もちろん同時に，「観光先進国」を目指すにも，各地方の魅力づくりが不可欠である．したがって，地方創生と観光振興の両者は，日本の新しい国家づくりのうえで，決して切り離せないものでもある．今後両者の相乗効果を図る政策がより盛んに展開されるであろう．

おわりに

　今世紀に入ってから，観光業の拡大とともに世界的に観光をめぐる競争が激しくなり，特に観光大国と称される国々は，次々と戦略的な政策を打ち出している．日本の観光振興と地方創生にも見られるように，それらの戦略の中で共通している点の1つは，より魅力的な文化資源を創造することにあると指摘できる．

　国際観光に送り出す人数が世界一の中国は，2018年3月に中央行政の組織改編を行い，従来の国家観光局と文化部を廃止し，その2つを合併した形で「国家文化と観光部」（文化和旅遊部）という組織を発足させた．文化と観光の行政を統括したことで，観光業のさらなる発展を目指している．文化に重きを置いた観光政策が大きく展開されるであろう．

■ 考えてみよう ■
1．観光振興のために，なぜ観光政策が必要なのかについて説明してみよう．
2．戦後，なぜ世界的に国際観光の振興が図られてきたのかを考えてみよう．
3．日本の観光政策はどのように展開されてきたかをまとめてみよう．

■ 参考文献 ⬜ ─────────────────────
青木幹生（2012）『観光大国フランス──ゆとりとバカンスの仕組み──』現代図書．
旅の文化研究所編（2011）『旅と観光の年表』河出書房新社．
白幡洋三郎（1996）『旅行ノススメ』中央公論社（中公新書）．

152　Ⅲ　観光と社会

進藤敦丸（1999）『観光行政と政策』明現社.

中尾清（2016）「観光政策・行政論」中尾清・浦達雄編著『観光学入門』第3版，晃洋書房，pp. 114-129.

寺前秀一（2006）『観光政策・制度入門』ぎょうせい.

（王　　静）

資　　料

1．観光の歴史年表

＊網かけは海外の出来事。

時代	西暦	観光に関連する主な出来事
奈良時代以前	2 世紀	ローマ帝国が世界最大版図となる．
	600	遣隋使を派遣．607 年小野妹子が派遣される．
	630	遣唐使を派遣．
平安時代から安土桃山時代	907	宇多法皇の熊野詣．
	1097	第 1 回十字軍を派遣．
	1271	マルコ・ポーロ（イタリア）が黄金の国ジパングを目指してベネチアから出発．
	1492	コロンブス（スペイン）の新大陸発見．
	1601	徳川家康が東海道に伝馬制度を設ける．
江戸時代	1650	伊勢神宮のおかげ参りが流行．「伊勢御師」活躍の時代．
	17-18 世紀	イギリス貴族の子弟を中心にグランド・ツアーが行われる．
	1814	スティーブンソン（イギリス）が蒸気機関車を発明．
	1841	トーマス・クック（イギリス）が禁酒大会への団体旅行を実施．
	1850	アメリカン・エキスプレス社（アメリカ）が設立．
	1851	第 1 回ロンドン万国博覧会が開催．
	1854	日米和親条約を締結．下田・函館の開港．
	1860	咸臨丸が太平洋を横断してアメリカへ．
明　治	1872	新橋～横浜間で鉄道が開通．1889 年東海道線（新橋―神戸）が全線開通．
	1882	東京上野動物園が開園．
	1883	オリエント・エクスプレスが運航開始．パリ～イスタンブール間．
	1890	帝国ホテルが開業．60 室．
	1893	外客誘致あっ旋機関の喜賓会が設立される．
	1896	第 1 回近代オリンピックアテネ大会が開催．
	1905	日本旅行会（後の日本旅行）が国鉄貸切列車で善光寺参詣団を実施．
	1912	ジャパン・ツーリスト・ビューロー（後の JTB）が設立．
昭　和	1930	鉄道省の外局として「国際観光局」を設置．
	1931	国立公園法の公布．1934 年に最初の国立公園指定．
	1946	立教大学に「ホテル講座」が開設される．

	1950	ユースホステルが日本に導入される.
	1951	日本航空の設立.
	1952	羽田空港一部返還，東京国際空港に改名．旅行あっ旋業法の公布.
	1954	日本航空が初の国際線サンフランシスコ線を開設.
	1955	アメリカのアナハイムでディズニーランドが開園.
	1956	国民宿舎の設置開始.
	1958	関門国道トンネルが開通．東京タワーが完成.
	1961	奈良ドリームランド，富士急ハイランドが開業．苗場国際スキー場がオープン.
	1962	国民休暇村第1号（大山）完成.
	1963	観光基本法の制定.
	1964	海外渡航自由化．東海道新幹線（東京―新大阪）が開業．東京オリンピックが開催.
	1965	日本航空がジャルパックを発売，．名神高速道路が全通.
	1966	観光渡航回数制限の撤廃．マイカー元年.
	1967	国際観光年．「観光は平和へのパスポート」がスローガン.
昭　和	1969	東名高速道路が全通.
	1970	日本万国博覧会（大阪万博）が開催．日本航空ジャンボジェット B747 が太平洋線就航.
		国鉄「ディスカバージャパン」キャンペーン開始.
	1971	旅行業法の公布．日本人出国者数が訪日外国人旅行者数を上回る.
	1972	札幌冬季オリンピックが開催，山陽新幹線（新大阪―岡山）が開業.
		沖縄がアメリカから返還される.
	1973	円変動相場制に移行．第1次オイルショック.
	1975	世界観光機関（WTO）がマドリッドに発足.
		沖縄国際海洋博覧会が開催.
	1976	超音速旅客機コンコルドの定期運航開始.
		伝統的建造物群保存地区の指定始まる.
	1978	新東京国際空港（成田）が開港.
	1979	第2次オイルショック.
	1980	エイチ・アイ・エスが設立.
	1981	神戸ポートアイランド博覧会が開催.
	1982	東北新幹線（大宮―盛岡）・上越新幹線（大宮―新潟）が開業.

	1983	東京ディズニーランドが開業.
	1984	ロサンゼルスオリンピックが開催.
	1985	国際科学技術博覧会が筑波で開催. プラザ合意による円高の進展.
	1986	国際観光モデル地区指定.
	1987	海外旅行倍増計画（テン・ミリオン計画）策定. 総合保養地域整備法公布・施行.
		国鉄が分割民営化. 日本航空の民営化.
	1988	青函トンネル, 瀬戸大橋が開通.
	1989	職場旅行 3 泊 4 日まで非課税扱い.
	1990	国際花と緑の博覧会が大阪で開催. 日本人海外旅行者が 1000 万人超.
	1991	湾岸戦争が勃発.
		観光交流拡大計画（ツー・ウェイ・ツーリズム 21）策定. バブル経済の崩壊.
	1992	ハウステンボスが開業. 山形新幹線（東京―山形）が開業.
	1993	「屋久島」「白神山地」「姫路城」「法隆寺地域の仏教建造物」世界遺産登録.
	1994	関西国際空港開港.「古都京都の文化財」世界遺産登録. 志摩スペイン村が開業.
	1995	阪神・淡路大震災が発生.
	1996	エクスペディア（アメリカ）が設立.
平　成		ウェルカムプラン 21（訪日観光交流倍増計画）発表.
	1997	アジア経済危機.
		秋田・北陸（長野）新幹線（高崎―長野）が開業.
	1998	長野冬季オリンピック開催. スカイマークエアライン, エア・ドゥが就航.
	1999	シートリップ（中国）が設立.
		瀬戸内しまなみ海道が開通.
	2000	トリップアドバイザー（アメリカ）が設立.
		改正「航空法」が施行され運賃自由化.
	2001	米国同時多発テロ事件発生.
		ユニバーサル・スタジオ・ジャパンが大阪で開業. 東京ディズニーシーが開業.
	2002	サッカー日韓 FIFA ワールドカップが開催. JAL・JAS の経営統合.
	2003	イラク戦争が勃発. SARS 新型肺炎の流行.
		「観光立国」宣言. ビジット・ジャパン・キャンペーンがスタート.

	2004	九州新幹線（新八代―鹿児島中央）が開業．冬のソナタで「韓流」ブームが起きる．
	2005	中部国際空港が開港．日本国際博覧会（愛知万博）が開幕．
	2006	観光立国推進基本法が成立．2007年施行．
	2007	LCCジェットスターが日本就航．
	2008	Airbnb（アメリカ）が設立．世界金融危機リーマンショックが起こる．
		観光庁発足．
	2009	新型インフルエンザが発生．
平　成		中国訪日個人観光査証の発給開始．
	2010	羽田空港新国際線旅客ターミナルが供用開始．
	2011	東日本大震災，福島第一原子力発電所事故が発生．
	2012	国内初LCCピーチ・アビエーションの就航．東京スカイツリーが開業．日本人海外旅行者が1800万人超．
	2013	訪日外国人旅行者が1000万人超．「和食」がユネスコ無形文化遺産登録．
	2015	訪日外国人旅行者数が45年ぶりに日本人出国者数を上回る．
	2016	訪日外国人旅行者が2000万人超．北海道新幹線（新青森―新函館北斗）が開業．
	2017	民泊新法を閣議決定．2018年施行．
	2018	訪日外国人旅行者が3000万人超．
令　和	2019	国際観光旅客税（出国税）の導入．
	2020	新型コロナウイルス感染症が世界中で拡大．
	2021	東京2020オリンピック・パラリンピックが1年延期で開催．
	2022	ロシアによるウクライナ軍事侵攻が勃発．

（出所）　主に日本旅行業協会『数字が語る旅行業』，日本観光振興協会『数字で見る観光』から筆者作成．

2．日本人出国者数と訪日外国人旅行者数の推移（1964〜2022年）

〈日本人出国者数〉　　〈訪日外国人旅行者数〉

日本人出国者数	年	訪日外国人旅行者数
127,749	1964	352,832
158,827	1965	366,649
212,409	1966	432,937
267,538	1967	476,771
343,542	1968	519,004
492,880	1969	608,744
663,467	1970	854,419
961,135	1971	660,715
1,392,045	1972	723,744
2,288,966	1973	784,691
2,335,530	1974	764,246
2,466,326	1975	811,672
2,852,584	1976	914,772
3,151,431	1977	1,028,140
3,525,110	1978	1,038,875
4,038,298	1979	1,112,606
3,909,333	1980	1,316,632
4,006,388	1981	1,583,043
4,086,138	1982	1,793,164
4,232,246	1983	1,968,461
4,658,833	1984	2,110,346
4,948,366	1985	2,327,047
5,516,193	1986	2,061,526
6,829,338	1987	2,154,864
8,426,867	1988	2,355,412
9,662,752	1989	2,835,064
10,997,431	1990	3,235,860
10,633,777	1991	3,532,651
11,790,699	1992	3,581,540
11,933,620	1993	3,410,447
13,578,934	1994	3,468,055
15,298,125	1995	3,345,274
16,694,769	1996	3,837,113
16,802,750	1997	4,218,208
15,806,218	1998	4,106,057
16,357,572	1999	4,437,863
17,818,590	2000	4,757,146
16,215,657	2001	4,771,555
16,522,804	2002	5,238,963
13,296,330	2003	5,211,725
16,831,112	2004	6,137,905
17,403,565	2005	6,727,926
17,534,565	2006	7,334,077
17,294,935	2007	8,346,969
15,987,250	2008	8,350,835
15,445,684	2009	6,789,658
16,637,224	2010	8,611,175
16,994,200	2011	6,218,752
18,490,657	2012	8,358,105
17,472,748	2013	10,363,904
16,903,388	2014	13,413,467
16,213,789	2015	19,737,409
17,116,420	2016	24,039,700
17,889,292	2017	28,691,073
18,954,031	2018	31,191,856
20,080,669	2019	31,882,049
3,174,219	2020	4,115,828
512,244	2021	245,862
2,771,700	2022	3,832,110

（出所）法務省，日本政府観光局（JNTO）資料より作成．

索　引

アルファベット

CRM（Crew Resource Management）……82
CRS（Computer Reservation System）‥36,81
CS（Customer Satisfaction）………………37
FAST TRAVEL…………………………………36
FSC（Full Service Carrier）………………26
GDS（Global Distribution System）…………36
IATA（International Air Transport
　Association）……………………20,36,77
ICAO（International Civil Aviation
　Organization）…………………………77
IR（Integrated Resort）…………………97
LCC（Low Cost Carrier）…………26,83,84
MBA（Master of Business Administration）12
OTA（Online Travel Agency）……………22
SARS（Severe Acute Respiratory Syndrome）
　………………………………………16,43
SNS（Social Networking Service）………10,23
TSA（Tourism Satellite Account）…………143
UNWTO（World Tourism Organization）
　………………………………16,143,143
VR（Virtual Reality）………………………14

ア　行

アグリツーリズモ……………………………131
アニメ聖地巡礼………………………………136
アメリカ同時多発テロ………………………16
アライアンス…………………………………84
アンノン族……………………………………21
イコモス………………………………………122
伊勢講…………………………………………120
一地域一観光…………………………………150
一村一品運動…………………………………149
異文化交流……………………………………16

インタープリター……………………………130
ウェストン，W.………………………………20
ウェルカムプラン 21…………………………148
易経……………………………………………7
エコツーリズム………………………………130
エコツーリズム推進法………………………149
エスコフィエ，G. A.…………………………56
エスニックツーリズム………………………108
お伊勢参り…………………………………18,119
往来切手………………………………………18
オーシャンライナー…………………………25
おかげまいり…………………………………122
女将……………………………………………59
御師…………………………………………18,117
お遍路…………………………………………26
オルタナティブ・ツーリズム………………128
遠忌……………………………………………26
温泉法…………………………………………146

カ　行

ガイドブック………………………………11,22
カジノ…………………………………………97
カプセル・イン………………………………62
貨物輸送………………………………………65
カルチュラルツーリズム……………………108
観光…………………………………………3,27
観光学……………………………………3,12,13
観光基本法……………………………………147
観光交通サービス……………………………67
観光行動………………………………………9
観光サービス…………………………………17
観光資源………………………………………10
観光施設………………………………………10
観光者…………………………………………10
観光政策審議会………………………………8
観光対象………………………………………10

観光庁‥‥‥‥‥‥‥‥‥‥‥‥‥143
観光媒体‥‥‥‥‥‥‥‥‥‥‥‥‥11
観光は平和へのパスポート‥‥‥‥6,145
観光文化‥‥‥‥‥‥‥‥‥‥‥‥‥103
観光丸‥‥‥‥‥‥‥‥‥‥‥‥‥‥7
観光立国‥‥‥‥‥‥‥‥‥‥‥‥105
観光立国推進基本法‥‥‥‥27,140,143
観光列車‥‥‥‥‥‥‥‥‥‥‥‥‥11
企画乗車券‥‥‥‥‥‥‥‥‥‥‥‥70
疑似イベント‥‥‥‥‥‥‥‥‥‥110
木賃宿‥‥‥‥‥‥‥‥‥‥‥‥18,59
喜賓会‥‥‥‥‥‥‥‥‥‥‥‥‥‥20
客室稼働率‥‥‥‥‥‥‥‥‥‥‥‥60
共用空港‥‥‥‥‥‥‥‥‥‥‥‥‥79
拠点空港‥‥‥‥‥‥‥‥‥‥‥‥‥79
クーポン‥‥‥‥‥‥‥‥‥‥‥‥‥25
クールジャパン‥‥‥‥‥‥‥‥‥134
クールブリタニア‥‥‥‥‥‥‥‥133
クック，T.‥‥‥‥‥‥‥12,25,144
熊野（参）詣‥‥‥‥‥‥‥‥17,116
グランド・ツアー‥‥‥‥24,117,144
グランドホテル‥‥‥‥‥‥‥‥‥‥55
グリーン・ツーリズム‥‥‥‥‥‥131
グリュックスマン，R.‥‥‥‥‥‥‥7
ゲストハウス‥‥‥‥‥‥‥‥‥‥‥61
講‥‥‥‥‥‥‥‥‥‥‥‥‥‥‥‥19
航空自由化‥‥‥‥‥‥‥‥‥‥‥‥25
空港法‥‥‥‥‥‥‥‥‥‥‥‥‥‥79
航空法‥‥‥‥‥‥‥‥‥‥‥‥76,147
五街道‥‥‥‥‥‥‥‥‥‥‥‥18,60
国際観光年‥‥‥‥‥‥‥‥‥‥6,145
国際観光ホテル整備法‥‥‥‥‥53,146
国宝保存法‥‥‥‥‥‥‥‥‥‥‥146
国民休暇村‥‥‥‥‥‥‥‥‥‥‥‥61
国民宿舎‥‥‥‥‥‥‥‥‥‥‥‥‥61
国立公園法‥‥‥‥‥‥‥‥‥‥‥146
五段階欲求階層説‥‥‥‥‥‥‥‥‥4
ゴフマン，E.‥‥‥‥‥‥‥‥‥‥110
コマーシャル・ホテル‥‥‥‥‥‥‥56
コンコルド‥‥‥‥‥‥‥‥‥‥‥‥76
コンテンツツーリズム‥‥‥‥‥‥136
コンフィギュレーション‥‥‥‥‥‥77

サ 行

サービス‥‥‥‥‥‥‥‥‥‥‥30,33
サービス業‥‥‥‥‥‥‥‥‥‥28,31
サスティナブル・ツーリズム‥‥27,128
産業遺産‥‥‥‥‥‥‥‥‥‥‥‥133
産業革命‥‥‥‥‥‥‥‥‥‥‥‥‥24
産業観光‥‥‥‥‥‥‥‥‥‥‥‥132
参詣‥‥‥‥‥‥‥‥‥‥‥‥‥‥‥17
自然観光資源‥‥‥‥‥‥‥‥‥‥‥10
自然公園法‥‥‥‥‥‥‥‥‥‥‥146
ジャルパック‥‥‥‥‥‥‥‥‥‥‥20
ジャンボジェット機‥‥‥‥‥‥‥‥21
シュアリング・エコノミー‥‥‥‥‥23
十字軍遠征‥‥‥‥‥‥‥‥‥‥‥‥24
重層性‥‥‥‥‥‥‥‥‥‥‥‥‥116
宿坊‥‥‥‥‥‥‥‥‥‥‥‥‥‥‥59
受注型企画旅行‥‥‥‥‥‥‥‥‥‥47
小京都‥‥‥‥‥‥‥‥‥‥‥‥‥‥21
消滅性‥‥‥‥‥‥‥‥‥‥‥‥‥‥32
真正性‥‥‥‥‥‥‥‥‥‥‥‥‥110
人文観光資源‥‥‥‥‥‥‥‥‥‥‥10
スタットラー，E.M.‥‥‥‥‥‥‥56
スポーツツーリズム‥‥‥‥‥134,138
世界遺産‥‥‥‥‥‥‥‥‥‥‥‥145
世界文化遺産‥‥‥‥‥‥‥‥‥‥‥26
施療院‥‥‥‥‥‥‥‥‥‥‥‥‥‥55
先達‥‥‥‥‥‥‥‥‥‥‥‥18,117
総合保養地域整備法‥‥‥‥‥‥‥149

タ 行

ダークツーリズム‥‥‥‥‥‥‥‥137
大航海時代‥‥‥‥‥‥‥‥‥‥‥‥24
代参‥‥‥‥‥‥‥‥‥‥‥‥‥‥‥19
第3セクター‥‥‥‥‥‥‥‥‥67,69
旅アト‥‥‥‥‥‥‥‥‥‥‥‥9,23
旅ナカ‥‥‥‥‥‥‥‥‥‥‥‥9,23
旅マエ‥‥‥‥‥‥‥‥‥‥‥‥9,23
檀那‥‥‥‥‥‥‥‥‥‥‥‥‥‥117
地方管理空港‥‥‥‥‥‥‥‥‥‥‥79

索　引　*161*

地方創生‥‥‥‥‥‥‥‥‥‥‥‥148,150
着地‥‥‥‥‥‥‥‥‥‥‥‥‥‥10,127
ツー・ウェイ・ツーリズム21‥‥‥‥148
通行手形‥‥‥‥‥‥‥‥‥‥‥‥‥‥18
通訳案内業法‥‥‥‥‥‥‥‥‥‥‥147
ツーリズム‥‥‥‥‥‥‥‥‥‥‥‥‥7
ツーリズム・ベール‥‥‥‥‥‥‥‥131
ディスカバー・ジャパン‥‥‥21,123,149
ディズニーランド‥‥‥‥‥‥88,93,111
ディマズディエ，J.‥‥‥‥‥‥‥‥‥8
テーマパーク‥‥‥‥‥‥‥‥‥‥‥92
手配旅行‥‥‥‥‥‥‥‥‥‥‥‥‥47
テン・ミリオン計画‥‥‥‥‥‥21,147
伝統の創造‥‥‥‥‥‥‥‥‥‥‥105
湯治‥‥‥‥‥‥‥‥‥‥‥‥‥‥‥17
同時性‥‥‥‥‥‥‥‥‥‥‥‥11,32

ナ　行

仲居‥‥‥‥‥‥‥‥‥‥‥‥‥34,59
二次交通‥‥‥‥‥‥‥‥‥‥‥‥‥11
日本万国博覧会‥‥‥‥‥‥‥‥‥‥21
ニューツーリズム‥‥‥‥‥‥‥22,127
農山漁村滞在型余暇活動促進法‥‥‥‥149

ハ　行

ハインリッヒの法則‥‥‥‥‥‥‥‥82
バカンス法‥‥‥‥‥‥‥‥‥‥25,144
パクス・ロマーナ‥‥‥‥‥‥‥‥‥24
旅籠‥‥‥‥‥‥‥‥‥‥‥‥‥18,60
パッケージツアー‥‥‥‥‥‥21,33,46
発地‥‥‥‥‥‥‥‥‥‥‥‥‥‥‥10
バルク運賃‥‥‥‥‥‥‥‥‥‥21,25
ハロウィーン‥‥‥‥‥‥‥‥‥‥115
販売手数料‥‥‥‥‥‥‥‥‥‥‥‥44
ビジット・ジャパン・キャンペーン‥‥148
フィルムコミッション‥‥‥‥‥‥‥136
ブーアスティン，D.J.‥‥‥‥‥‥110
フードツーリズム‥‥‥‥‥‥‥‥135
フォーレー，M.‥‥‥‥‥‥‥‥‥137
複合観光資源‥‥‥‥‥‥‥‥‥‥‥10

布施屋‥‥‥‥‥‥‥‥‥‥‥‥‥‥59
プラザ合意‥‥‥‥‥‥‥‥‥‥‥‥21
文化観光‥‥‥‥‥‥‥‥‥‥‥‥133
文化財保護法‥‥‥‥‥‥‥‥‥‥146
ヘルスツーリズム‥‥‥‥‥‥‥‥131
変動性‥‥‥‥‥‥‥‥‥‥‥‥‥32
変容性‥‥‥‥‥‥‥‥‥‥‥‥‥116
ボールマン，A.‥‥‥‥‥‥‥‥‥‥7
募集型企画旅行‥‥‥‥‥‥‥‥‥‥46
ホテル‥‥‥‥‥‥‥‥‥‥‥‥‥55
ホブズボウム，E.‥‥‥‥‥‥‥‥105
本陣‥‥‥‥‥‥‥‥‥‥‥‥‥‥‥60

マ　行

マイカー‥‥‥‥‥‥‥‥‥‥‥‥‥21
マキャーネル，D.‥‥‥‥‥‥‥‥110
マスツーリズム‥‥‥‥‥6,16,27,128
マズロー，A.H.‥‥‥‥‥‥‥‥4,26
マリオッティ，A.‥‥‥‥‥‥‥‥‥7
民間信仰‥‥‥‥‥‥‥‥‥‥‥‥115
民衆性‥‥‥‥‥‥‥‥‥‥‥‥‥116
民泊‥‥‥‥‥‥‥‥‥‥‥‥‥23,62
無形性‥‥‥‥‥‥‥‥‥‥‥‥11,32
メディカルツーリズム‥‥‥‥‥‥‥132

ヤ　行

柳田国男‥‥‥‥‥‥‥‥‥‥‥‥122
ユースホステル‥‥‥‥‥‥‥‥‥‥61
ユニバーサルスタジオジャパン‥‥‥94
ユネスコ‥‥‥‥‥‥‥‥‥‥‥‥145
余暇‥‥‥‥‥‥‥‥‥‥‥‥‥‥‥8

ラ・ワ行

ランドオペレーター‥‥‥‥‥‥‥‥49
リーマンショック‥‥‥‥‥‥‥‥‥16
リゾート法‥‥‥‥‥‥‥‥‥‥‥149
リッツ，C.‥‥‥‥‥‥‥‥‥‥‥56
リネンサプライサービス‥‥‥‥‥‥29
旅館‥‥‥‥‥‥‥‥‥‥‥‥‥34,59

旅館業法……………………53,146
旅客輸送………………………65
旅行……………………………8
旅行業法……………………143
旅行サービス手配業…………44
旅行相談………………………47
ルーラル・ツーリズム……… 131
ルック…………………………21

レクリエーション………………7,8
レジャー…………………………8
レノン，J.……………………137
鹿鳴館…………………………57
ロングステイ………………… 135
ワインツーリズム……………136
脇本陣…………………………60

《執筆者紹介》（＊は編著者，執筆順）

＊中村忠司　東京経済大学コミュニケーション学部教授
　　　　　　［プロローグ・第1・2・11章］

稲本恵子　共栄大学国際経営学部教授［第3章］

渡部美智子　大阪観光大学観光学部准教授［第4章］

山口隆子　元大阪観光大学観光学部特命教授［第5・8章］

白神昌也　大阪観光大学観光学部教授［第6章］

中村真典　大阪観光大学観光学部教授［第7章］

＊王　静　大阪公立大学大学院文学研究科准教授［第9・12章］

橘弘文　大阪観光大学非常勤講師［第10章］

新・観光学入門

| 2019年3月10日　初版第1刷発行 | ＊定価はカバーに |
| 2023年5月25日　初版第4刷発行 | 表示してあります |

編著者　中　村　忠　司　Ⓒ
　　　　王　　　　　静

発行者　萩　原　淳　平

印刷者　田　中　雅　博

発行所　株式会社　晃　洋　書　房

〒615-0026　京都市右京区西院北矢掛町7番地
　　　　　　電話　075(312)0788番(代)
　　　　　　振替口座　01040-6-32280

装丁　クリエイティブ・コンセプト　印刷・製本　創栄図書印刷(株)

ISBN978-4-7710-3137-1

JCOPY 〈(社)出版者著作権管理機構　委託出版物〉

本書の無断複写は著作権法上での例外を除き禁じられています．
複写される場合は，そのつど事前に，(社)出版者著作権管理機構
（電話 03-5244-5088, FAX 03-5244-5089, e-mail:info@jcopy.or.jp）
の許諾を得てください．